CAMAU BACH

I Huw

CAMAU BACH

LUNED AARON

y olfa

Argraffiad cyntaf: 2026

Cynllun y clawr: Sion Ilar

Rhif Llyfr Rhyngwladol: 978-1-80099-828-5

Dymuna'r cyhoeddwyr gydnabod cymorth ariannol Cyngor Llyfrau Cymru

Cyhoeddwyd ac argraffwyd yng Nghymru
ar bapur o goedwigoedd cynaliadwy gan
Y Lolfa Cyf., Talybont, Ceredigion SY24 5HE
e-bost ylolfa@ylolfa.com
gwefan www.ylolfa.com
ffôn 01970 832 304

CYNNWYS

YMWELIAD

Glanio fel slap hegar ar draws ei cheg wnaeth y diwrnod yr oedd Siriol Haf wedi bod yn poeni yn ei gylch gyhyd. Sut ar wyneb y ddaear roedd hi am wynebu'r bore hunllefus yma oedd o'i blaen? Doedd dim syniad ganddi.

Fel arfer ar foreau Sadwrn, byddai'n rhydd o brysurdeb y swyddfa a châi fwynhau tawelwch digynnwrf ei fflat. Diwrnod iddi hi ei hun y tu ôl i ddrws ei stiwdio fechan oedd dyddiau Sadwrn, gyda dim byd i'w phlagio – dim ond clai oer yn ei dwylo i'w llonyddu. Ond, roedd heddiw yn wahanol. Heddiw byddai gofyn iddi groesawu ymwelwyr o Gaerdydd nad oedd hi'n eu hadnabod hyd yn oed.

Doedd hynny ddim yn berffaith wir ychwaith… Hen ffrind ysgol iddi oedd Megan, y fam. Hi oedd wedi cysylltu ar *WhatsApp* gyda'i hawgrym cryf o alw i'w gweld cyn ymweld â'i rhieni. Gwadd ei hun a'i theulu wnaeth hi, i bob pwrpas, gan bwysleisio y byddai fflat bach newydd Siriol yn ddelfrydol ar gyfer yr achlysur.

Ar foment wan, roedd Siriol wedi cytuno i'r cais annisgwyl, a thrwy gydol yr wythnos, bu'n poeni am yr holl beth; poeni gymaint nes gwneud iddi'i hun deimlo'n reit sâl

'Nawn ni biciad draw i gael *catch-up* iawn! Edrach mlaen i weld chdi!' meddai'r neges. Roedd Siriol wedi ceryddu ei hun yn feunyddiol am yr *emoji* bawd i fyny yr anfonodd hi'n ôl ati. Yn toedd pob gewin wedi ei rhybuddio hi fel arall, i gynnig rhyw esgus handi?

Doedd dim dowt ganddi mai methiant llwyr fyddai'r ymweliad. Oedd disgwyl iddi hi arwain y mân siarad diflas, a beth fyddai trywydd y sgwrsio, p'run bynnag, a hithau'n 'nabod dim ar y gŵr? Doedd ganddi ddim byd wrth law i ddifyrru'r plant, ychwaith. Ar ei ffordd adref o'r swyddfa un prynhawn, aeth i mewn i siop elusen gyda'r bwriad o brynu rhyw deganau plastig i'r ddau, ond teimlai fod hynny'n ormodol braidd.

Gorweddai Siriol yn ei gwely â'i gofidiau'n glanio fesul un ac un, ym maes awyrennau prysur ei meddwl. Roedd hi wedi bod yn effro ers pump ond fedrai hi ddim parhau i orweddian fel hyn yn syllu ar batrymau disynnwyr *anaglypta*'r to. Llusgodd ei hun ar ei thraed ac ymlwybro'n reddfol i'w hystafell sbâr – ei stiwdio, lle llifai slaes o oleuni'r bore ar y llawr pren. Ar hyd y silffoedd, arhosai ei llestri pridd amdani'n rhesi trefnus; cwpanau, powlenni a phlatiau, pob un â'i hunaniaeth dawel, yn barod i gael eu gorffen ganddi. Yn y cefndir, cliciai'r odyn syml a brynodd ar *Gumtree* yn hamddenol braf.

Anadlodd Siriol sawr cysurlon y pridd wrth iddi astudio ei chreadigaethau. Roedd y casgliad diweddaraf yn sych grimp erbyn hyn ac yn barod i'w gwydro. Gwelai Siriol ryw harddwch anghyffredin yn y llestri syml hyn, yn eu hamherffeithrwydd blêr. Dychmygai ei hun yn dewis y lliwiau cymwys ar gyfer y rhai diweddaraf. Gwyrth y peth oedd y rhyfeddod mwyaf iddi: y creu trefnus, destlus yna o ddim byd bron â bod, a neb na dim i darfu arni.

Byddai rhyw deimlad cynnes braf yn taenu'n flanced

dros Siriol pan âi ati i greu. Byth ers y sesiynau therapi pan roddodd gynnig ar y grefft y tro cyntaf, roedd yr holl broses wedi ei chyfareddu. Torri'r clai i ddechrau gyda'r weiren denau, cyn rowlio'r toes yn fflat fel crempog a'i fowldio.

Ynghanol yr ystafell, ar fwrdd uchel, safai'r fas o dan orchudd cynfas; fas uchel, gain, yr oedd hi wedi bod yn gweithio arni ers mis a mwy. Ei rhieni oedd wedi ei hannog i gystadlu mewn cystadleuaeth grochenwaith yng Nghaerdydd, a phe bai ei chais yn llwyddiannus, dyma fyddai'r tro cyntaf iddi arddangos ei gwaith yn gyhoeddus. Roedd y syniad, er yn un lled gyffrous, yn ddychryn llwyr iddi.

Ta waeth am hynny, roedd y darn bron â'i gwblhau bellach a'i ymarweddiad yn dra gwahanol i'w llestri diymhongar eraill. Safai'n dalsyth, yn gymesur a thwt, â'i agoriad ar y brig fel petalau blodyn, yn ymestyn am belydrau'r haul.

Safodd Siriol yn llonydd ynghanol y stiwdio am foment, gan wrando ar y distawrwydd o'i chwmpas; teimlai fod ei siâp, yn wir ei lonyddwch yn ei sadio... Yna, caeodd y drws am y tro gan geisio dychmygu'r teulu'n glanio yn ei gofod cyn hir.

Doedd fawr neb wedi bod yn ei fflat cyn heddiw. Roedd y cyfan mor afreal. On'd oedd hi'n adnabod ei hun yn ddigon da erbyn hyn i wybod fod cytuno i adloni teulu diarth fel hyn yn wallgofrwydd llwyr? Doedd yr adnoddau ddim ganddi siŵr, ond doedd newid y trefniant ddim yn ddewis iddi bellach. Byddai'n gas gan ei hen ffrind ysgol weld y cynlluniau'n newid ar y funud olaf.

Teimlai Siriol ryw wacter yn bygwth y tu mewn iddi wrth iddi estyn yn lluddedig am ei llestri pridd o'r cwpwrdd.

Yna aeth ati i'w gosod ar y bwrdd bach cyn agor drws yr oergell.

Doedd dim llefrith.

Disgynnodd y tawelwch yn drwm wrth iddi rythu'n hir ar gynnwys yr oergell, fel petai hi'n gobeithio y byddai potelaid yn glanio o'i blaen, dim ond iddi ewyllysio hynny.

"Y ffŵl gwirion!" mwmiodd ei cherydd yn flin.

Wrth gwrs, nad oedd ganddi lefrith... Dyna brawf, os bu yna erioed, nad oedd hi'n ffit i'r busnes o estyn y croeso gwirion yma. Dylai fod wedi edrych neithiwr. Byddai ei mam yn arfer llenwi'r oergell fawr adref byth a beunydd fel byncar rhyfel. Gwaredu at ei blerwch fyddai hi, mae'n siŵr.

Aeth Siriol i hel ei chôt a'i bag yn o handi. Doedd Megan ddim wedi trafferthu rhoi syniad iddi pa bryd yn union y dylai eu disgwyl, felly lluniodd neges destun sydyn ati'n egluro ei bod hi'n picio allan am hanner awr fach. Byddai'n gyfle iddi glirio ei phen hefyd, gobeithio.

* * *

Anelodd Siriol am y grisiau gan basio drws Nesta; gweddw oedd wedi symud i'r dre yn ystod yr haf er mwyn bod yn gefn i deulu ei mab (er, doedd Siriol, hyd yma, ddim wedi gweld golwg ohonyn nhw ar ymweliad, chwaith). Roedd ei chymdoges wedi mynd ati'n bowld i led berchnogi'r landin gyhoeddus gyda'i photiau blodau a'i phlanhigion; ffaith oedd wedi dwysbigo Siriol ar y pryd, ond roedd hi wedi dod i ryw lun o arfer â'r peth erbyn hyn.

Cofiai Siriol mor ddiolchgar fu Nesta o'r pot blodau bychan a greodd iddi pan symudodd i fyw drws nesaf.

Roedd y gymdoges wedi pwysleisio y byddai'n llenwi'r fas â hoff flodau ei diweddar ŵr ac ers hynny roedd hi wedi rhoi cildwrn i Siriol i greu potiau coffi, te a siwgr unigryw ar gyfer ei mab.

Wrth i Siriol gofio'r ffordd yr estynnodd y ddynes ei llaw y bore hwnnw a'i chymell i alw i'w gweld 'unrhyw bryd', ystyriodd a ddylai gynnig nôl neges bach iddi ar ei thaith. Yna cofiodd am duedd anffodus yr hen wreigan o or-siarad, o baldaruo braidd… Na, doedd dim amser ganddi i sefyllian a chael ei gorfodi i wrando ar fonolog manwl am flasau gwahanol fisgedi a bargeinion *Marks* siŵr – nid heddiw o bob diwrnod! Doethach fyddai cadw ei hadnoddau.

Caeodd Siriol y drws, yna edrych i fyny i'r trydydd llawr at ambell i lestr o'i heiddo oedd i'w gweld ar sil ei ffenest. Am fflat hyfryd oedd o hefyd. Lledwenodd Siriol o dan ei chwffwl. Ar ôl yr holl gynilo a'r crafu byw, a hynny ymhell i ganol ei thridegau, roedd hi wedi llwyddo i brynu fflat bach digon cyfleus iddi hi ei hun.

Deffro dow dow oedd y stryd. Gyferbyn â'r fflat, roedd Capel Nasareth a'i ffenestri cymesur yn hen wyneb cyfarwydd bellach. Y tro diwethaf i Siriol weld Megan oedd ar achlysur ei phriodas. Cofiai Siriol sefyllian ac oeri fan hyn gyda'r dorf, wrth i'r cwpl gerdded trwy ddrws yr hen gapel; Megan a'i gŵr, Dean, yn chwerthin yn harti wrth iddyn nhw hwylio heibio iddi a'r pentwr o gonffeti yna'n drwch ar hyd y pafin, yn llwybr i'w dyfodol. Mi gymerodd ddyddiau bwy gilydd i'r pethau bach llachar ddiflannu yn y glaw.

Pan dderbyniodd Siriol y gwahoddiad i'r dathliad ar gerdyn crand trwy ddrws ei rhieni, ei greddf, wrth reswm, oedd cynnig rhyw esgus cyfleus a gwrthod. A dweud y gwir, roedd y syniad o orfod wynebu'r holl bobl yna o'i gorffennol yn ddychryn llwyr iddi. Doedd dim llawer o amser wedi bod, wedi'r cyfan, a hithau'n dal mor fregus ar ôl pob dim.

Ta waeth, mynd wnaeth hi'n y diwedd dan anogaeth ei rhieni a chasáu pob un eiliad. Profiad anghyfforddus oedd sefyllian yn yr haul crasboeth yna dros *canapes* yng nghwmni'r hen griw ysgol a'u cwestiynau'n ymwthio tuag ati ger y bar. Teimlai'r 'dathlu' yn debycach rywsut, i gyfweliad am swydd...

Yr unig un sengl yno o'r hen griw oedd Siriol, a dyna pam (roedd hi'n argyhoeddedig) iddi gael ei sodro'n anghynnil o amlwg i eistedd nesaf at gefnder y priodfab – ffermwr tipyn yn hŷn na hi a fynnai ddangos lluniau a fideos o'i braidd o alpacas ar ei ffôn. O ystyried, roedd y dyn yn ymdebygu i alpaca ei hun, gyda'i lygaid trymion, ei wefusau pwdlyd a'i gnoi dioglyd ara-deg-bach. Cofiai ei geg yn agored led y pen wrth iddo rawio'r *Tiramisu* hufennog yna i'w grombil, y darnau brown, meddal yn glynu yn ei farf. Na, doedd ganddi fawr i'w ddweud wrth yr amaethwr pigog, oedd braidd yn ansad ar ei draed erbyn y coffi.

Gwgodd Siriol wrth gofio hunllef y diwrnod. Un uchel ei gloch oedd y gwas priodas, cofiai, fel petai'n ysu i berchenogi'r ystafell i gyd o'i fwrdd uchel. Mewn sawl ffordd, roedd ei ymarweddiad ymddangosiadol ddi-hid a'i chwerthiniad iach wedi ei hatgoffa o'r un a gamodd reit i ganol llwyfan ei bywyd hithau, cyn diflannu'r un mor ddisymwth o'r llifoleuadau.

Mae'n debyg mai Miriam Glain a'i sesiwn *pump and dump* wnaeth ei chythruddo fwyaf yn y dathliad. Yn y lle chwech crand oedden nhw, yn hwyr wedi'r wledd, a hithau â'i pheiriant bach crwn yn pwmpio'n ddyfal o dan ei ffrog taffeta. "Ti jest moooooor lwcus, Siriol!" oedd ei datganiad wrth iddi syllu ar y poteli tryloyw yn araf lenwi â chynnyrch ei llif llaethog. "Rhydd fath â 'deryn, chdi, yn dw't? Dwi'n jelys... Yli arna fi'n hen fuwch yn styc i hwn!"

Am ennyd, roedd Siriol wedi cael ei themtio i roi slaes dros ei hwyneb a'i heglu hi am adref. Ddaeth dim gwahoddiad i'r un *baby shower* na bedydd na dim ar ôl hynny.

* * *

Dewis mynd trwy'r gerddi cyhoeddus wnaeth hi, er mwyn cael ychydig o heddwch ger yr afon. Yna, daeth y glaw mân ar ei gwar ac roedd Siriol yn gwarafun na ddaeth ag ymbarél gyda hi. Rhyw brofiad diarth rhywsut oedd mentro i ganol y dref ar fore dydd Sadwrn fel hyn. Pan oedd yn byw gyda'i rhieni, byddai rhyw ludded yn dod drosti wrth i'w mam fynnu gwneud pob peth.

Doedd ei mam ddim wedi bod yn gefnogol i'r fflat, ddim mewn gwirionedd. Hofran yn bryderus o flaen drws ffrynt y tŷ oedd hi wrth i Siriol a'i thad bacio'r car, ei hamlinelliad yn cuddio'r haul. Roedd fel petai ei llygaid pŵl yn crefu'n dawel bach ar ei merch i aros, fel tasai hi'n ofni ei gweld ar ei phen ei hun bach yn y byd.

Yr holl stwff diwerth yna yng nghrombil yr atig oedd y poendod mwyaf wrth i Siriol hel ei phethau. Pam y gwnaeth ei rhieni fynnu croniclo pob agwedd o'i bywyd fel tasen nhw'n paratoi at raglen *This Is Your Life*? Ymysg y 'nialwch o'i doe, roedd toreth o hen ffotograffau a lluniau ysgol, gyda Siriol yn aml yn sefyll fel rhyw gi bach ffyddlon wrth ymyl Megan. Yn un ohonyn nhw, roedd ei ffrind â'i cheg yn agored led y pen, fel petai ar ganol rhannu jôc â'i chyfoedion, a Siriol hithau wedi troi i edrych i fyny arni yn llawn edmygedd.

* * *

Aeth heibio i'r siop tynnu lluniau *Happy Memories* â'r lluniau cawslyd o deuluoedd clòs yn y ffenest, gan geisio anwybyddu'r 'nialwch nos Wener arferol oedd ar y pafin. Fersiynau ffug wedi eu ffiltro o rieni a'u hepiliaid oedd y rhain, wrth gwrs; dim math o sôn am blantos yn pigo trwynau, yn gwthio a ffraeo.

Pan gyrhaeddodd yr hen barc, yn ôl ei harfer, aeth ar un o'r siglenni. Arferai Megan a hithau dreulio oriau yn y darn bach yma o dir. Llenwai ei chluniau'r sedd erbyn hyn a chaledwch y tsiaen yn ei brifo rhyw fymryn.

Ar ymyl y ffrâm roedd pry copyn yn dygn greu ei we. Estynnai'r edafedd sidan o'i fol â'i draed ôl, gan blethu ei fyd yn grefftus gywrain. Yn sydyn, cwynodd y *WhatsApp* a deffro Siriol o'i synfyfyrio. 'Heibio'r traffig, hwrê! Efo chdi'n fuan. Rho'r tegell 'na mlaen, del!' Yn gwmni i'r neges, roedd llun o'r ddau blentyn yng nghefn y car yn codi bawd arni a golwg braidd yn wyllt arnyn nhw.

Teimlodd Siriol ei stumog yn pwyso. Roedd hi wedi gobeithio mai canslo ar y funud olaf fyddai Megan. Cyfyngu'r ymweliad i awr, dwy ar y mwyaf, oedd yr ateb. Dim munud yn hwy. Cwrdd mewn caffi fyddai wedi bod yn gallach, wrth gwrs. Doedd dim prinder dewis. Petai hi wedi trefnu cwrdd mewn man cyhoeddus, byddai ganddi'r modd i ffarwelio wedyn yn ôl ei mympwy.

Ymlaen â hi tua'r afon gan arafu ei chamau. Byddai mynd am dro y ffordd yma bob tro yn ei daearu. On'd oedd y byd yn ddistewach fan hyn, rhywsut? Ers talwm, byddai Megan yn arfer ei thynnu yno er mwyn osgoi eu cas wersi chwaraeon. Rhannu cyfrinachau a chael smôc menthol fyddai'r ddwy â'u traed yn y dŵr. Megan wnâi'r rhan fwyaf o'r siarad.

Wrth gyrraedd y stryd fawr, cafodd Siriol ei tharo gan synau'r farchnad awyr agored ac aroglau'r toes a choffi rhy gryf. Roedd yr hen siop bysgod wrth law wedi cau. Siop arall yn y dref wedi mynd i'r gwellt, meddyliodd. Yna tarodd rhyw ddynes hi â'i phram, wrth frysio heibio tua'r farchnad brysur. Pam roedd angen i gymaint ddigwydd mewn tref mor fach ar fore Sadwrn? meddyliodd Siriol wrth brysuro i gyfeiriad y *Co-op*.

Erbyn iddi lithro trwy ddrysau'r siop, roedd hi'n stido bwrw. Tarodd gipolwg ar yr amser gan deimlo'r clymau'n cydio y tu mewn iddi unwaith eto. Anelodd am yr oergell. Byddai'n rhaid iddi fod yn o handi rŵan…

Estyn y llefrith i gyfeiliant *I Will Always Love You* ar yr uchelseinydd oedd hi pan aeth i feddwl am y plant oedd ar eu ffordd. Roedden nhw'n edrych fel llond llaw yn y lluniau. Beth oedd enwau'r ddau fach eto…? Fedrai hi ddim yn ei byw â chofio. Meddyliodd am ei llestri cain – syml ond gwerthfawr – yn ei fflat destlus.

Wrth agosáu at y til, ystyriodd fuddsoddi mewn pecyn o siocled pinc siâp moch i gadw'r plant yn ddiddig, cyn synnu at eu pris. Ac eto, oni ddylai hi, fel *host*, forol am rywbeth melys i'r criw? Bisgedi efallai – ond eto, on'd oedd bisgedi braidd yn ddi-ddychymyg? Confensiynol, os nad yn amhersonol rhywsut? Dyna pryd y cafodd hi'r syniad.

Byddai'n paratoi pwdin.

Ond sut fath o bwdin? Rhywbeth hufennog. Meddal. Cysurlon… Rhywbeth y byddai hi'n ei fwynhau – a'r plant, gobeithio. Efallai pe medrai eu cadw nhw'n hapus y bydden nhw'n cadw eu trwynau bach draw o'i stiwdio.

Cofiodd wedyn am y pwdin hufen amheuthun yr arferai ei mam ei baratoi i westeion ers talwm; powlenaid fawr o hufen dwbl wedi ei chwipio'n bigau gyda bisgedi hirion melys – *ginger snaps* – dyna beth oedden nhw, wedi eu sodro'n gylch yn y canol fel coron. Jest y peth i achlysur o'r fath!

Heb feddwl ddwywaith, gadawodd Siriol y ciw a mynd i nôl y cynhwysion, wedi ei hadfywio gan ei syniad. Dychmygodd y pwdin ysblennydd ar ei bwrdd yn aros am ei gwesteion wrth iddi estyn yr hufen a'r bisgedi moethus o'u silffoedd. Byddai ei mam yn falch o'i hymdrechion.

Yn ôl yn y ciw, gogwyddai cwpl ifanc ym mreichiau ei gilydd fel dau feddwyn, yn beryglus o agos at bentwr o boteli gwin. Gwallt gwyrddlas, rhyfedd, oedd gan y ferch a cholur dros-ben-llestri. Roedden nhw'n endid tlws mewn modd digymell ac eto, gwisgo dillad go beth'ma oedden nhw – eitemau llwyd-frown, llac fel bagiau tatws, nid annhebyg i'r math o wisgoedd y byddai Megan a hithau'n eu dewis ers talwm.

Cilwenodd Siriol wrth gofio'r dillad *grunge* di-siâp yr arferai eu gwisgo yn eu hoedran nhw, gan glustfeinio ar fân siarad y ddau ifanc wrth aros ei thro. Siarad yn dalog am fod yn ddylanwadwr byd-enwog ar *TikTok* oedd y ferch, wrth i'w chariad bwyntio ei gamera tuag ati'n chwareus. "*Liam!*"

chwarddai'r ferch, gan droi'r camera i'w hwynebu a gwthio ei gwefusau allan yn ddengar.

Ar gongl y cownter, roedd pentwr o bamffledi yn hysbysebu gwasanaethau lleol, ac yn eu mysg roedd *'Ceri the Clown'*. Astudiodd Siriol y llun lliwgar ynghanol y daflen, yn dangos dyn byr a wenai'n llawer rhy frwd. *'Does your child need some serious entertaining?'* hola'r daflen, cyn rhestru sgiliau niferus y gwron fel rhyw *CV* taer. Oedd clowniau a'u hwynebau peintiedig, sinistr yn dal i fod yn boblogaidd? Ystyriai Siriol hynny wrth edrych i mewn i lygaid braidd yn ansad y clown.

Y tu ôl i'r til, gofynnodd y ferch ifanc am ei cherdyn cwsmeriaeth. Trawodd Siriol gipolwg ar ei henw ei hun ar y cerdyn, fel petai'n enw hollol ddieithr iddi. Oedd yr enw wir yn gweddu iddi? Gwenodd y ferch wrth aros yn amyneddgar iddi dalu. Digon posib mai swydd haf ran amser oedd hon er mwyn iddi hel ei phres cyn mynd i'r coleg.

Llwy aur yn ei cheg gafodd hi yr oedran hwnnw, ystyriai Siriol wrth adael y siop. Rhes ddisgwyliedig o bedair gradd A a'r byd wedi ei daenu'n garped coch o'i blaen. Byddai Megan yn arfer tynnu arni o hyd... Hi oedd i fod i lwyddo ynde, nid Megan... Siriol Haf aeth i deimlo fel cwpan fregus a'i chlust wedi ei thorri, wedi ei gludo'n ôl rywsut rywsut gan adael cynnwys y gwpan i ollwng bob sut ar lawr.

Breuddwyd ei rhieni oedd Caergrawnt, ond nid ei hun hi. Chafodd hi ddim gwersi ar sut i ymdoddi'n gameleon yn ei chyd-destun dieithr, a fedrai'r marciau uchaf posib ddim gwarantu hunaniaeth newydd i neb. Er ei bod hi ar ei ffordd i gael ei gradd Dosbarth Cyntaf, gadael gyda dyled enfawr, heb radd wnaeth hi.

Sut y byddai pethau wedi bod petai hi wedi aros yno am y flwyddyn olaf? Yr unigedd llethol wnaeth ei llorio, mae'n siŵr, heb sôn am y rigmarôl blinderus o wisgo ei mwgwd – ei gadw yn ei le wrth gadw wyneb. Yr her yna o ganolbwyntio yn y darlithoedd a'i meddwl ymhell…

On'd oedd hi wedi bod yn hen law ar hynny yn yr ysgol? Gwylio ei chyfoedion, gwrando'n astud ar eu sgyrsiau, gan wneud ei gorau i'w hefelychu oedd ei harfer yno hefyd. Ar dir diarth Caergrawnt, aeth straen yr holl beth yn ormod iddi.

Oedd hi wedi hiraethu am gyfeillgarwch Megan ar goridorau unig y Brifysgol? Oedd, mae'n siŵr. Ei cholli'n ofnadwy ar y nosweithiau mwyaf ingol o unig. Er eu gwahaniaethau, roedd hi wedi cael ei derbyn o leiaf.

* * *

Prysurodd i gyfeiriad ei fflat yn y glaw mân. Yn sefyllian o flaen siop goffi, roedd dyn mewn siwt a chrys tyn yn tynnu ar ei sigarét. Cofiai Siriol yr aroglau ysmygu oedd yn drwch yn nhŷ ei ffrind ers talwm. Sawr gorfelys *potpourri* ei mam oedd yn llenwi eu haelwyd nhw.

Cododd ei hwyliau wrth iddi basio'r siop gwerthu tai. Dyna sawru'r foment unwaith eto; y foment pan dderbyniodd oriadau ei fflat. Bron nad oedd hi wedi teimlo ei hadenydd yn lledu wrth iddi droi'r goriad sgleiniog yn nhwll y clo y tro cyntaf hwnnw. Gallai weld wal wen y fflat ym mhen pellaf y stryd yn ei chymell ati.

Gyferbyn â'r fflat, o flaen *Pebbles*, roedd y ddynes fer, dlos yna'n dad-gloi mynedfa'r salon wrth gysgodi o dan ymbarél.

Gwenodd i gyfeiriad Siriol a chododd hithau law yn ôl a chynnig nod o gydnabyddiaeth. Roedden nhw tua'r un oed, mae'n siŵr.

On'd oedd yna sawl wyneb cyfarwydd yn y cyffiniau erbyn hyn? Wrth gamu i'r adeilad uchel, teimlai Siriol ei bod wedi ei hadnewyddu rhyw gymaint ar ôl bod am dro. Doedd hi ddim y dref fwyaf cyffrous, nac oedd, ond ei chlwt hi oedd y cilcyn cyfarwydd yma o dir, ac erbyn hyn roedd ganddi ei chornel fach ei hun ynddo hefyd.

Yn ôl yn ei chegin, tynnodd y bleinds i'r naill ochr gan gadw golwg am gar Megan. Un mawr arian – dyna ddywedodd hi… Aeth ati wedyn i baratoi ei phwdin yn reit handi; ar ôl iddi chwipio'r hufen, dyna wthio'r bisgedi i'w lle cyn gosod y bowlen ynghanol y bwrdd. Daeth atgof i flaen ei meddwl ohoni hi a'r Megan ifanc yn paratoi te bach i'w doliau ufudd yng nghegin ei ffrind. Mi gafon nhw oriau o hwyl yn ymroi i'w tasg fach annwyl, yn do?

A hwythau'n hŷn, sgwrsio yng nghegin Megan fyddai eu harfer. Wrth y bwrdd pîn hwnnw y profodd Siriol ei Malibu a coke cyntaf, a hynny gan Diane, mam ei ffrind, o bawb! Byddai ei rhieni parchus hi wedi gwaredu… Dyna lle byddai'r fam a'r ferch yn siarad am bob dim a dim byd yr un pryd a Siriol dawedog yn mentro rhoi ei phig i mewn ambell dro. Gallai fentro sôn am beth bynnag oedd yn ei phlagio yn fan'no – y pethau bach a mawr y byddai wedi dymuno gallu eu rhannu â'i mam ei hun.

Rhoddodd y llefrith o'i bag i'w gadw yn nrws yr oergell, a dyna pryd y gwelodd hi, wedi ei chuddio gan weddillion pitsa neithiwr – potelaid fawr, lawn, o lefrith!

Gwenodd Siriol. Roedd ganddi yr hyn roedd hi ei angen, wedi'r cwbl.

Wrth fynd ati i ferwi'r tegell, teimlai rywbeth annisgwyl yn ffrwtian y tu mewn iddi. Roedd hi'n ysgafnach rhywsut... On'd oedd ei ffrind bore oes wedi bod yn rhan mor ganolog o'i phlentyndod? Dyma ffrind oedd wedi bod yn dyst i dalp o'i datblygiad, ac wedi cydgerdded llwybrau tymhestlog yr ysgol uwchradd hefyd. On'd oedd hi heddiw yn awyddus i'w gweld hi, fan hyn yn ei chartref newydd, yn ei hen filltir sgwâr, a pha mor hyfryd oedd hynny?

Medrai wynebu'r bore, ystyriodd Siriol wrth iddi gau drws yr oergell gyda rhyw bendantrwydd annodweddiadol. Un bore Sadwrn bach – ymweliad gan hen ffrind – dyna i gyd oedd o'i blaen. I beth roedd angen pryderu? Roedd hi'n hollol debol, a chanddi gynllun a phwdin a phob dim. Gallai oroesi. Doedd dim angen pryderu, siŵr.

Anadlodd Siriol yn ddwfn, sythu'r bowlen hufennog ac edrych tuag at y stiwdio. Y tu ôl i'r drws caeedig, roedd ei fas uchel yn saff o dan ei chynfas.

Yna, canodd y gloch.

CHWE DEG MUNUD

Mae Danielle yn plygu'r sgarff sidan a'i gosod ar waelod y bwrdd tylino gan ddrachtio'n gyflym o'i photel ddŵr. Edrycha ar y rhestr hir o enwau, yn llenwi sgrin ei llechen. Tamaid o frecwast fyddai wedi bod yn braf.

Unwaith eto heddiw, roedd Mark a hithau wedi cysgu trwy undonedd y larwm. Wrth iddyn nhw gamu ar frys i'w diwrnod, roedd o wedi ei hatgoffa y byddai'n rhaid iddyn nhw chwarae eu cardiau'n fwy gofalus. Fo oedd yn iawn, wrth gwrs. Cysgu'n drwm oedd y plant a hwythau'n manteisio ar ryddid eu haf. Bu ond y dim iddi ddeffro Liam ond buan y byddai ar ei draed, gobeithio. Heddiw o bob diwrnod.

O leiaf dydi Annette ddim o gwmpas i anadlu i lawr ei chefn. Dydi hi ddim yn ei thrin hi a'r merched yn wael, ddim felly, ond mae'n sicr yn eu gweithio nhw'n galed. Roedd hi angen diwrnod i ffwrdd cyhoeddodd neithiwr, yn ddigon ffwr-bwt wrth iddyn nhw gau siop. Danielle oedd yn agor *Pebbles* eto heddiw, a phan gyrhaeddodd y salon, roedd Nadzia wedi ffonio i ymddiheuro bod ei phlentyn ieuengaf adre'n sâl. Dim ond Maren, Jelari a hithau fydd yma heddiw, felly. Mae diwrnod prysur arall o'i blaen.

Tua diwedd y sesiwn gyntaf, roedd Danielle wedi mynd i deimlo'n reit beth'ma, fel tasai'r waliau'n bygwth cau amdani. Dydi'r ffaith fod yr ystafell mor fach a thywyll ddim yn help, gydag Annette yn mynnu bod y llenni i'w cadw ar gau'n dynn. Bron nad ydi Danielle yn gweld eisiau'r lle tylino blaenorol ar brydiau. Llenni tenau oedd yn gwahanu'r gofodau yn fan'no, ac er mai gwantan oedd y tâl, o leiaf roedd *air con* yno.

Yn sicr, dydi hi ddim yn gweld eisiau'r swydd gyntaf gafodd hi ar ôl ffarwelio â'r ysgol. Yn y ffatri ailgylchu yng ngwaelod y dref, roedd gofyn iddi sefyll am oriau bwy gilydd wrth y belt trydan diderfyn yna a'i lond o sbwriel drewllyd.

Mae Danielle yn lluchio i'r fasged dywel-wyneb ei chwsmer diwethaf cyn tynhau ei ffedog a mynd allan i'r ystafell aros. Mae'n wallgof o brysur yma eto heddiw, ond dydi hynny'n fawr o syndod a hithau'n fore Sadwrn. Ar Sadyrnau bydd pobl y dref yma'n cael munud bach iddyn nhw eu hunain, yng nghalendrau prysur eu bywydau.

Sodro eu ceir ymfflamychol o flaen allanfa'r salon fyddan nhw, cyn dringo'r grisiau metel. Wrth aros eu tro, mae'r sgrin deledu, sy'n hongian yn y gornel, yn gwmni parod, a phe bydden nhw'n cicio'u sodlau, mae 'na boteli dŵr i'w llymeitian a phosteri sy'n dangos priodoleddau'r amrywiol grisialau. Dydi Danielle ddim yn credu yn eu pwerau honedig, ond taw piau hi am hynny, wrth gwrs.

Mae'n chwilboeth yma eto heddiw; oglau chwys annifyr yn gymysg â'r canhwyllau cryf. Wrth y drws, eistedda dyn blewog, llydan ei gyfansoddiad mewn crys-T a siorts bach coch. Eistedda â'i goesau'n llydan agored ac anadla'n drwm wrth rythu ar ddynes ddel ar raglen dai. Gobeithia Danielle fod hwn wedi gwaredu ei flew cefn. Does dim yn waeth ganddi na gorfod tylino dyn blewog. Yn eistedd gyferbyn ag o, mae Gerald (eto fyth) yn ei grys tyn a'i liw haul ffug. Fo a'i arsylwadau anaddas. Ych a fi…

Dynion, gan fwyaf, fydd yn disgwyl ei chwsmeriaeth hi heddiw. Cysura Danielle ei hun yn aml, nad oes ots gan Mark am y dynion diarth yma sy'n rhannu eu hamser gyda hi. Dydi'r ystafell gul a'r cyrff noeth yn mennu dim arno, meddai o. Ei gwaith hi ydi o, dyna i gyd.

Meddylia amdano ar y safle heddiw yn gosod y teils bach tenau ar y toeon uchel yna, fesul un ac un. Yntau mor gydwybodol yn dygnu arni chwe diwrnod yr wythnos, waeth beth fo'r tywydd.

Yr adeg yma o'r flwyddyn y llynedd y digwyddodd hi – y ddamwain. Y glaw oedd wedi disgyn yn annisgwyl o drwm y noson cynt, a'r bois wedi gorfod dod i orffen to'r gwesty newydd crand, yr un fath. Syrthio'r holl ffordd i galedwch y maes parcio wnaeth Mark. Roedd yswiriant y pennaeth wedi dod i ben, ond rywsut, rywfodd, thorrodd o'r un asgwrn, dim ond cleisio ambell asen. Doedd hynny'n ddim byd llai na gwyrth, yn ôl y meddyg a ddangosodd y lluniau pelydr X i'r ddau, gan ysgwyd ei ben. I feddwl beth fyddai wedi gallu digwydd…

Ar sgrin y teledu, mae cwpl yn trafod problem y tamprwydd difrifol a gawson nhw yn eu cartref newydd. Sonia'r ddau'n afieithus yn yr isdeitlau sut yr oedd cyllideb hael y rhaglen ac ambell ffenest agored wedi sortio'r broblem yn llwyr. Try Danielle ei llygaid yn ôl at sgrin ei llechen a'i rhestr hir o enwau.

"Mared Llywela…?" mentra Danielle ei hynganiad carbwl. Yn y Gymraeg bydd sgwrs hon, mae'n siŵr. Dim ond un ddynes sy'n eistedd ynghanol y testosteron. Hawdd dweud, o fwrw cip ar ei hwyneb, ei bod hi wedi camynganu ei henw, ond mae Danielle wedi ymdrechu â'r lythyren 'll' yna ers dyddiau ysgol. Cofia Danielle am y golofn adolygiadau cwsmeriaid newydd sydd gan Annette ar y wefan, a gwna'n siŵr ei bod hi'n gwenu'n groesawgar.

Sylwa Danielle ar y tywyllwch o dan lygaid ei chwsmer, ac ar y tro nerfol, pryderus o gwmpas ei gwefusau. Mae hi'n gyfarwydd rywsut, ond fedr hi ddim yn ei byw â rhoi ei bys ar y cyswllt ychwaith. Dilyna'r cwsmer newydd hi i'r ystafell fechan, ac wrth i Danielle ei gweld yn tynnu ei siaced drwsiadus, sylweddola pwy ydi hi. Onid hon ydi'r athrawes biwis roddodd lond ceg iddi am 'ddiffyg ymroddiad' Liam mewn noson rieni ychydig flynyddoedd yn ôl? Cofia'r rhes o jargons syrffedus, Cymraeg a luchiodd y ddynes ati, mor fyw fel tasai hi'n ddoe. Ei mwydro pedantig am 'bwysigrwydd ymdrech' ac am 'agwedd annigonol' ei mab.

Nid hon oedd yr unig snob o athro oedd yn edrych i lawr eu trwynau ar deuluoedd fel ei un hi. Ond roedd hon wedi gwneud bywyd yn annioddefol i Liam druan gyda'i *detentions* snichlyd rownd y ril. Gweld y gwaethaf os bu yna'r ffasiwn beth! Petai hi wedi dangos mwy o ffydd yn ei mab, mi fyddai wedi gwneud mwy o ymdrech, oni fyddai? A faint yn union oedd hi'n ei ennill bob mis am ei gwaith, tybed? Cryn dipyn mwy na hi, doedd dim amheuaeth am hynny.

Yn dilyn y drefn, cyfeiria Danielle yn gwrtais at y stôl lle gall yr athrawes swrth ddiosg ei gwisg, cyn mynd allan a chau'r drws yn dawel ar ei hôl.

Wrth ddal ar y cyfle am hoe gyflym y tu ôl i'r dderbynfa, estynna am ei ffôn wrth agor potel diod egni melys. Oedd y ddynes yma wedi bod yn dysgu Liam eleni tybed? Cerydda Danielle ei hun am ei diffyg crebwyll am fanylion bach pwysig o'r fath. Roedd angen iddi dalu mwy o sylw i fyd addysg y plant, ond haws oedd dweud na gwneud.

Dim neges gan Liam hyd yma... Go anaml y byddai ei mab yn ateb ei negeseuon hi'n ddiweddar. Fydd o wedi deffro erbyn hyn? Roedd o mor hwyr yn dod yn ôl adre eto neithiwr. Dylai hi fod wedi dweud pob hwyl cefnogol cyn iddo fo adael y tŷ. Diawlia Danielle ei hun yn dawel am ei blerwch cyn anfon neges sydyn ato gyda thair sws fawr ar ei chefn. Gobeithio y bydd o'n ei chadw yn y darlun.

Ym mêr ei hesgyrn, mae hi'n poeni. Poena am ddyfodol ei mab. Mae o'n hogyn mor annwyl – yn ei hatgoffa o'i dad yn ifanc, mewn cymaint o ffyrdd. Dydi hi ddim am iddo fo faglu chwaith... Fwy na thebyg, mi fydd o wedi gwneud cawlach llwyr o'i arholiadau ac yntau wedi mynnu treulio pob gyda'r nos gyda'r Lara yna, neu ar ei *Xbox*. Cysura Danielle ei hun nad oes rhaid cael y graddau gorau y dyddiau hyn... Fydd hi ddim yn ddiwedd y byd, yn na fydd, gyda'r holl gyrsiau galwedigaethol sydd ar gael?

Aros am ganlyniadau gwahanol oedd Danielle yn yr oedran hwnnw, wrth gwrs, pan welodd hi'r ddwy linell goch yna'n brawf o beth fyddai ei llwybr hithau. Cyn iddi gael cyfle i sefyll ei phapurau TGAU oedd hynny. O leiaf mi arhosodd Mark gyda hi drwy'r cyfan. Mi fedrai'n hawdd fod wedi ei heglu hi, ond mi roddodd o fodrwy fach syml iddi. Roedd Danielle yn bopeth iddo, meddai o.

Faint o amser aeth heibio, erbyn hyn? Dau funud... Digon llesg oedd symudiadau'r ddynes, o feddwl. Efallai mai gwell fyddai caniatáu munud bach arall iddi, jest i chwarae'n saff.

Mae'r cwsmeriaid yn ymwybodol iawn o amser. Yn aml, mi fyddan nhw'n gwneud pwynt o edrych ar y cloc ar y wal cyn i'r panbibau ddechrau chwarae, fel pe baen nhw am roi'r neges yn glir i Danielle eu bod nhw'n disgwyl eu hawr gyfan o dylino, diolch yn fawr iawn. Mae hi'n methu fforddio cael adolygiadau gwael, felly mi fydd hi wastad yn cadw at yr union amser, waeth pa mor galed yw'r gwaith.

Gorwedda'r ddynes o dan y gorchudd sidan, ei chefn yn noeth a'i phen yn guddiedig yn y twll ar ben pella'r bwrdd. Braf arni hi, meddylia Danielle, gan ochrgamu o gwmpas y gadair blastig a'r dillad sydd wedi eu plygu'n dwt. Oedd hi'n ei hadnabod hithau hefyd? Meddylia. Na, go brin...

Wrth aros i'r olew gynhesu, sylla trwy hollt denau yn y llen ar gysgod y dail sy'n dawnsio ar wal lwyd y maes parcio. Wedi ei barcio'n flêr yn y gongl mae fan *'Ceri the Clown'*. Aiff cryd bach i lawr ei chefn wrth iddi edrych ar y lluniau plentynnaidd sydd wedi pylu ar ochr y cerbyd. Cofia Liam yn crefu arni hi a Mark i ddefnyddio'r clown ar gyfer ei wythfed pen-blwydd, ond parti pêl-droed yn y parc gawson nhw, wrth gwrs.

Aiff ei meddwl ar grwydr. Bydd ei thaliad misol yn cael ei drosglwyddo mewn tridiau, gobeithio. Mae Danielle mor ymwybodol ag erioed o'r costau cynyddol, wrth i'r plant dyfu mor gyflym ac angen rhywbeth newydd byth a hefyd. On'd ydi pob haf mor drybeilig o ddrud? Er na fyddan nhw byth yn gwneud fawr o ddim byd anturus fel teulu. Cyn yr haf, gorfu iddyn nhw ddefnyddio banc bwyd y capeli lleol a'r ysgol am y tro cyntaf, er cywilydd i Mark a hithau. Felly'r oedd pethau... Buan y byddai'r ysgol yn ailddechrau, a byddai prydau'r cantîn i Scarlett fach yn sicr yn gymorth. Pwy a ŵyr lle bydd Liam arni.

Meddylia am y pwt ar *Facebook* a ddarllenodd hi'n gynharach ar y bws. Mae'n Ddiwrnod Ymlacio Cenedlaethol heddiw, yn ôl pob tebyg. On'd oedd yna ddiwrnod penodedig i bob dim? Cafodd ei hannog gan y llith i fwynhau'r foment – i sylwi ar dlysni'r blodau, i flasu'r baned, i wrando ar gân yr adar... Beth fyddai hi'n ei roi am gael cerdded trwy'r drws yma rŵan hyn, cicio ei threnyrs i'r naill ochr, troedio trwy oerni'r gwlith ar y gwair a theimlo pelydrau'r haul yn gynnes ar ei gwar?

Dadebra Danielle o'i myfyrdodau gan estyn am yr olew o'r bowlen.

"Peidiwch â rhoi'r olew ar y patsh yna, plis..."

Llais athrawes os bu yna un erioed... Patshyn hormonau sydd ar ei chnawd. Mae hi wedi gweld sawl un o'r rhain ar ei bwrdd.

"A sori, os bydda i'n cysgu," mwmia'r ddynes wrth i Danielle osod ei dwylo arni'n ysgafn. "Canlyniadau'r TGAU heddiw! Dw i angan bach o amsar i fi'n hun!"

Teimla Danielle ryw dro y tu mewn iddi wrth iddi glywed am y canlyniadau anorfod... Chwerthin meddal wedyn gan y ddynes ddioglyd, wrth iddi wneud ei hun yn gyfforddus. Prysura Danielle, yn ôl y drefn, i bwysleisio nad oes problem, siŵr iawn. Dylai deimlo'n gwbl gyfforddus i gysgu, os ydi hi'n dymuno. Ei hamser hi ydi hwn, a ballu, a ballu... Teimla'n lletchwith yn ymdrechu yn ei hail iaith fel hyn, ond gwell cadw'r cwsmer yn hapus.

Er ei chais taer am dawelwch, mynnu siarad mae'r athrawes. Mae'r noethni corfforol fel petai'n rhoi rhwydd hynt iddi ddinoethi'r cyfan oll! Fel hyn mae rhai o'r cwsmeriaid, fel tasen nhw mewn rhyw gyffesgell ymlaciol. Gŵyr Danielle fod pawb yn cario rhyw boen neu'i gilydd. Un arall am fwrw ei baich ydi hon hefyd, sylwa, wrth iddi fanylu am ei hamryfal drafferthion, fel petai'r ddwy yn ffrindiau bore oes. Gwna'n siŵr ei bod hi'n hymian ei chydymdeimlad yn y llefydd cywir, gan ddychmygu ei phlant yng ngofal yr athrawes gwynfanus.

Aiff Danielle ati i rwbio mwy o olew ar ei chefn gan deimlo'r clymau cyfarwydd yn bygwth yn ei gwegil, wrth iddi bwyso ymlaen gydag ymdrech. Byr ydi hi, gyda ffrâm fechan, dwt. Ar waelod meingefn yr athrawes, mae lwmpyn, nid ansylweddol o gnawd sy'n codi fel darn bach gwyrthiol o dir. O'i amgylch, mae gwythiennau porffor a phinc yn fflamio'n ffyrnig. Mae Danielle yn ysu i'w holi beth ydi o. Craith neu fan geni? Ond thâl hi ddim iddi stwna, wrth reswm – dydi o ddim o'i busnes hi. Rhaid iddi gogio bach nad ydi hi'n ei weld o. Rhith anweledig ydi hi, yno i wasanaethu, a gwasanaethu'n unig.

Tybed ydi Liam wedi mynd i'r ysgol eto? Anadla'n dawel gan fwrw golwg ar wyneb y cloc. Tri deg pum munud eto cyn y daw'r sesiwn yma i ben… Liam a gyrhaeddodd y byd gyntaf, a gwell ganddi anghofio rhyferthwy'r profiad hwnnw (i feddwl mor dal ydi ei hogyn bach erbyn hyn!) Yna daeth Scarlett fach fochgoch, eu hail syrpréis.

Weithiau, bydd pwl o hiraeth yn dod drosti wrthi iddi feddwl am yr holl elfennau o fod yn fam na chawsai hi, mewn difrif. Onid dal i fyw ei phlentyndod ei hun roedd hi ar y pryd? Y pethau syml yna roedd hi'n hiraethu amdanyn nhw, fel hebrwng y plant i'r ysgol, mynd â nhw i'r parc, neu bobi ar foreau Sadwrn... Pethau Nain oedd y pethau hynny i gyd rhywsut, a'i mam a fagodd y ddau, fwy neu lai...

Chwarae teg i'w rhieni am gymryd diddordeb, hefyd. Doedd dim dewis arall i fod wrth gwrs, a Mark a hithau'n gorfod rhedeg i'w hamrywiol swyddi wrth drio cadw'r blaidd o'r drws. Mae Danielle wedi hen arfer â dawns eu bywydau bellach, wrth fyw o dan yr un to â nhw a gwylio ei mam yn morol am y pethau bach a mawr bob dydd.

Beth bynnag, mae Danielle yn ddiolchgar am y fflyd lluniau a fideos sydd ganddi wedi eu storio'n saff yn ei ffôn. Yr un yna o Liam a Scarlett un haf ydi'r ffefryn. Y ddau yn rhedeg yn hapus hyderus yn eu camau bach carbwl i mewn i'r môr; yna, ymlaen i'w dyfodol, heb roi cip yn ôl ati hi.

Parha Danielle at ei harferiad o anwybyddu'r parablu oddi tani ac aiff ati i hel meddyliau. Sut mae ei rhieni, tybed? Maen nhw'n heneiddio. Mân siarad gwibiog am hynt y plant ydi trywydd eu sgwrs fel arfer, a'i mam ar binnau wrth rannu'r fflyd o gwynion sydd ganddi am y ddau. Eu mab sy'n 'ddiog' a 'swrth' ydi'r gofid pennaf a bydd hi'n aml yn crefu arni hi a Mark i'w ddisgyblu'n fwy cadarn.

Cwyn arall ydi tuedd ei mab i wastraffu ei amser wrth fod gyda Lara byth a beunydd. Mae o hefyd wedi ei ddal yn chwarae triwant, a'i mam yn bytheirio'n gyson mai glanio ar y dôl fydd ei hanes. Cadw'n dawel fydd ei thad yn ystod y sgyrsiau syrffedus hyn gan gilio i'w gwt i chwilio am heddwch. Wêl Danielle ddim bai arno.

Digon di-sgwrs ydi Scarlett yn ddiweddar hefyd, erbyn meddwl. On'd oes yna olwg bell yn ei llygaid o hyd, fel tasai ei meddwl wedi crwydro i rywle arall? Bydd Danielle yn trio ei gorau i gael sgwrs gyda'i merch pan ddaw'r cyfleoedd prin ac mae'r ysbeidiau hyfryd a gaiff o gyrlio i fyny gyda hi ar y soffa o flaen y teledu gyda phowlen fawr o bopcorn rhwng y ddwy yn ei llonni. Buan y byddan nhw'n byw yn eu cartref eu hunain, gobeithio, yn hytrach na gorfod byw ar ben ei gilydd yn nhŷ Taid a Nain. Pa liw waliau hoffai Scarlett ei gael yn ei hystafell wely newydd, tybed? Roedd hi mor greadigol ac yn haeddu ystafell llawn lliw a hwyl.

* * *

Dydi hi ddim yn ganol bore eto, ac mae pigyrnau Danielle yn cwyno'n barod. Diolch byth am y trenyrs cyfforddus. Liam oedd biau'r pâr ymarferol yn wreiddiol. Dod o hyd iddyn nhw yn adran y pethau am ddim ar wefan *Gumtree* wnaeth hi, ac roedd Liam wedi cymryd atyn nhw'n iawn, yn enwedig pan dynnodd nhw allan o'u bocs gwreiddiol. Yna, roedden nhw wedi para'n dda iddi hithau, chwarae teg, o ystyried ei bod hi ar ei thraed o fore gwyn tan nos. Doedd pobl ddim yn gwerthfawrogi gwerth pethau.

Dau ddeg pum munud... Mae'r athrawes yn anniddigo ac yn gofyn am fwy o fôn braich, yn enwedig ar ei chluniau. Prysura Danielle i'w hatgoffa mai tyliniad er mwyn iddi ymlacio roedd hi wedi ei archebu – tyliniad sy'n rhatach o ddeg punt, gan ei fod yn gofyn am lai o gryfder o'i rhan hi... Ochenaid ddigon ffwr-bwt a ddaw yn ateb. Am ennyd, dychmyga Danielle ei hun yn crafu ei hewinedd i mewn yn y cnawd cynnes yma, sy'n gorwedd fel slab o gig oddi tani, cyn brawychu'n dawel a dal ati i fwytho'n dyner. Yn y gorffennol, mi fyddai hi wedi cowtowio'n wasaidd i gais digywilydd o'r fath, ond mae bron i wyth awr o hyn ganddi eto i'w wneud. Mae'n rheidrwydd arni gadw ei hegni.

Roedd hi wedi gweld y gwythiennau piws ar gefn coesau ei chwsmer ar unwaith, ond synnai at yr holl farciau sy'n nadreddu'n nentydd arian ar hyd ei chluniau. Yn yr ystafell fach yma, gwêl Danielle y cwbl. Y gwadnau traed sych grimp fel hen dalpiau o *parmesan*, y brychau a'r creithiau, bob yn un – ambell glais sinistr ar brydiau, heb sôn am y tatŵs mwyaf annisgwyl a'r cyfan fel rheol yn guddiedig rhag llygad y byd, a hynny o dan wead dilladach smart.

Ystyria'r marciau sy'n haen ar hyd ei chluniau a'i bronnau ei hun. Heb anghofio'r llinell hegr, hir, yna sy'n hawlio gwaelod ei stumog. Ar un adeg, roedd hi wedi teimlo atgasedd llwyr at ei chorff newydd, ond erbyn hyn, mae hi'n derbyn eu bod nhw'n farciau sy'n rhan annatod ohoni. Yn rhan o'i stori.

Nos galan oedd hi pan ddaeth Liam i'r byd, a Mark a hithau allan yn y *Crown* gyda'u ffrindiau ysgol pan dorrodd ei dŵr. Doedd ffrwydradau eratig awyr y nos ddim wedi gwneud dim lles i guriad anwastad ei chalon. Mae'n dal i led gofio llaw gynnes Mark yn dal yn ei llaw fach hithau, wrth iddo'i helpu i arwyddo'r darn papur yna yn y theatr, a hithau heb wir syniad pa ffurfioldeb brawychus oedd ynghudd ynddo. Y nyrsys yn eu sgrybs, wedyn, yn tynnu'r farnais ewinedd o fysedd ei thraed am ryw reswm, a hithau'n deall dim o'r hyn oedd yn digwydd iddi y tu ôl i'r llen.

Yr unigedd erchyll yn dilyn y driniaeth oedd y peth gwaethaf, gyda Mark wedi gorfod mynd yn ôl i'w waith i orffen rhyw jobyn. Y dyddiau bwy gilydd ar y ward, a'r nyrsys yn gadael iddi grio i'w gobennydd ar ei phen ei hun, gan fod y rhan fwyaf o'i ffrindiau yn yr ysgol. Ai hi oedd biau'r babi yma, a hithau'n teimlo dim agosatrwydd tuag ato? Cofia'n dda yr un biwis, hŷn na'r lleill, yn cwestiynu ei dagrau a hithau wedi colli yr holl waed, yn methu'n lân â bwydo'r peth bach eiddil oedd ar ei gythlwng o fore gwyn tan nos... Pan ddaeth ei mam i'r ward gyda'i blodau a'i maldod a'i maddeuant, dyna pryd y daeth pob dim, rhywsut, ynghyd.

Cwyd Danielle y cynfas sidan, gan annog ei chwsmer i droi ar ei chefn er mwyn iddi weithio ar ei hysgwyddau. Mae'r sesiwn bron â dod i ben. Chwarter awr arall... Trwy'r bwlch yn y llen, caiff ei llygaid eu denu at linell wen awyren sydd ar ei thaith i rywle. Mynd i ffwrdd hefo Mark fyddai'n braf, heb waith i'w tynnu oddi wrth ei gilydd byth a hefyd. Roedd o'n gymaint o hwyl pan na fyddai o wedi blino.

Aros noson mewn gwesty dirodres lawr y lôn wnaethon nhw i ddathlu pen-blwydd eu priodas y llynedd. Crisial oedd yr arwydd am bymtheg mlynedd, mae'n debyg. Roedd y noson wedi bod yn newid bach iddyn nhw, yn well na dim, ond braf fyddai cael mwy o'i gwmni. Dal i weithio ar yr estyniad enfawr yna ar stad y crach mae o, y dyddiau hyn. Rhyw ddynes feichiog sy'n ei ben o'n blygeiniol hefo'i rhestr hir o jobsys – druan â fo.

Roedd o flwyddyn yn hŷn na hi – ffrind gorau ei brawd mawr ac wedi mopio'n lân arni fyth ers dyddiau ysgol. Cofia Danielle sut yr arferai ei phlagio i fynd allan gyda fo a hithau'n troi ei chefn a chwerthin yn llaes, cyn iddo estyn ei adenydd a mynd ei ffordd ei hun i borfeydd brasach. Pan ddaeth yn ei ôl, rhyw flwyddyn wedyn, i fro ei febyd, prin oedd hi'n ei adnabod. Dyn, yn hytrach na bachgen ysgol tenau, a edrychai arni'n llawn edmygedd, oedd o erbyn hynny, yn saff o'i bethau, yn edrych reit i fyw ei llygaid.

Mwytha fysedd ei chwsmer gan gymryd gofal i beidio â phwyso o gwmpas y modrwyau. Braf fyddai cael cwmni ffrind hefyd, o bryd i'w gilydd, ond mae gwario amser gyda'i gŵr yn ddigon o her... Weithiau, bydd Mark a hithau'n mynd law yn llaw i'w hoff dafarn, neu at lan yr afon am dro bach gyda'r hwyr, ond fel rheol bydd y ddau wedi blino gormod. Sglaffio swper yn sydyn o flaen y bocs cyn mynd i gysgu ydi'r drefn arferol.

Bydd y cyfan yn werth y drafferth yn y diwedd, cysura ei hun, gan feddwl am y tŷ bach tair llofft mae hi wedi bod yn ei lygadu ar y wefan *Rightmove*. Dim byd fflash, ond cynigia ddigon o le iddi hi a'i theulu.

Newidia ei lleoliad wrth y gwely er mwyn tylino talcen yr athrawes yn ysgafn i gloi'r sesiwn. Dychmyga Danielle ei hun fel rhyw fath o offeiriad yn eneinio ei chwsmer cyn iddi fynd yn ei blaen i'w bywyd prysur, llawn.

Ar ei thaith adref heno, bydd hi'n ffonio Liam a chynnig mynd â fo i'r dre am bitsa i ddathlu – dim ond y ddau ohonyn nhw, waeth pa raddau geith o. Bydd ganddo gynlluniau'n eu lle yn barod i fod gyda Lara, neu efo'r bois, fwy na thebyg, ond bydd hi'n cynnig yr un fath. Dim ond gobeithio y bydd o wedi pasio ambell bwnc...

Teimla'r rhyddhad arferol yn ei meddiannu wrth weld bod amser y cwsmer, o'r diwedd, wedi dirwyn i ben.

Cyhoedda Danielle yn dawel i'w chwsmer fod y sesiwn wedi gorffen wrth dynnu ei dwylo oddi ar ei chnawd. "Chi'n fwy *relaxed*, nawr?"

Ystyria am funud beth pe bai hon yn gofyn sut mae hi'n

teimlo hefyd. Sut fyddai'n ei hateb? Dychmyga ei hun wedi cael sawru awr gyfan heb ofalon, ei llygaid ynghau heb boen yn y byd.

Gwena'r ddynes yn ddioglyd braf. Mae golwg ffres a diniwed arni, fel merch fach sydd newydd ddeffro o drwmgwsg dibryder.

"O, lyfli," medd hithau gan godi ei hwyneb o'r gwely gan dacluso ei gwallt rywsut rywsut â blaenau ei bysedd. "Dwi'n teimlo fel dynas newydd! Gosh, o'n i wir, wir, angan hynna. A diolch am wrando!"

Ar eu ffordd at gownter y dderbynfa, edrycha Danielle i gyfeiriad yr ystafell aros. Ynghanol y dynion, eistedda dynes fawr oedrannus mewn côt wlanog biws, yn drachtio'n ddwfn o un o'r poteli dŵr. Llithra pâr o sbectols tywyll i lawr ei thrwyn wrth iddi wylio rhaglen dai arall sydd ar y teledu.

Aiff ati i nodi manylion Mared Llywela ar y system, ynghyd â dyddiad ac amser ei thyliniad nesaf. Wrth iddi dalu, yn fflachio ar wyneb y cownter, mae ffôn Danielle yn tynnu ei sylw. Heb feddwl ddwywaith, agora'r neges:

"Mam – 2A*, 4A, 2B, 1C! Xxxxxxxxxxxxx"

Da'r hogyn, meddylia Danielle wrth gamu'n ôl i'r ystafell aros i alw enw ei chwsmer nesaf.

Ei hogyn hi!

"HÊD AMSER"

Llowciodd Mared ei choffi cyn tywallt cwpanaid gref arall ar ei ben. Trwy ddrysau'r gegin roedd y nos wedi gollwng ei gafael a'r awyr wedi ei sgeintio'n binc-goch llachar, fel leinin croth. Teimlai ei chluniau'n drwm wrth iddi ystyried pa mor braf fyddai tyliniad arall. Doedd waeth iddi freuddwydio ddim, wrth gwrs, o ystyried mor drybeilig o brin oedd amser.

Amser... dyna fyddai thema'r gwasanaeth ar ddechrau'r tymor, a hi gafodd gais munud olaf gan y Pennaeth i gyfarch yr ysgol. Ar ôl noson doredig arall, roedd y syniad o wynebu'r môr yna o wynebau swrth mewn ychydig oriau yn ddychryn llwyr iddi.

Nid Mared fyddai'r unig athro anfoddog ar goridorau'r ysgol heddiw, wrth gwrs. Byddai'r rhan fwyaf o aelodau'r staff yn ysu am gael dychwelyd i draethau di-ofid eu hafau, yn hytrach na gorfod ysgwyddo tymor arall o gyfrifoldebau dysgu. O leiaf, roedd ganddi ambell gyngor i'w rannu ac roedd ei nodiadau wedi eu teipio'n dwt ac yn aros amdani yn ei chês gwaith.

Ar ddechrau pob tymor, câi ei tharo fwyfwy gan ruthr amser, wrth i'w dyddiau wibio heibio, fel trên yn cyrchu tua'i nod. Daeth y sbardun i'w hanerchiad ar ôl iddi fynd i aduniad coleg yn y gogledd gyda Dylan, yn ystod gwyliau'r haf. Achlysur braidd yn lletchwith oedd yr ymgynnull, gyda'r dasg o adnabod ambell un yn eu diwyg diarth canol oed wedi profi'n dipyn o her.

Ar fin dringo grisiau'r Brifysgol roedd Mared pan oedodd ar yr iard o flaen y deial haul gan ddarllen y geiriau oedd arno. 'Hêd Amser! Meddi, Na! Erys Amser. Dyn Â.' Yna, cofiodd am y ffotograff bach hwnnw yn ei halbwm coleg; llun o'u criw nhw wedi meddwi'n hapus o flaen yr union golofn honno. Dyna lle'r oedden nhw'n undod hy a hardd, yn llygad yr haul, wedi eu hanfarwoli gan lens y camera. Yn y llun, roedd ambell un yn simsanu'n eofn ar ysgwyddau ffrind, tra oedd un arall (ai hi oedd hi?), â choes luniaidd wedi ei chodi'n rhyfygus at y rhifau Rhufeinig. I feddwl mor bell yn ôl oedd y rhialtwch yna i gyd erbyn hyn.

* * *

Dylyfodd Mared ei gên fel cath. Pedair awr o gwsg gafodd hi neithiwr. O, wel… os oedd hynny'n ddigon i Thatcher i redeg y wlad… Mymryn o gryndod eto y bore 'ma, sylwodd, wrth godi rhimyn y mẁg at ei gwefusau. Teimlo'r cryndod yn fewnol wnaeth hi i ddechrau, ond erbyn hyn, byddai'n digwydd ar yr adegau mwyaf anffodus. Roedd hi wedi gohirio holi ei meddyg am ei symptomau: y meddyliau niwlog, y cof affwysol o wael a'r gosfa erchyll yna bob gyda'r nos, fel petai catrawd o bryfed yn gorymdeithio dros dirlun ei chnawd.

Doedd cymryd bore yn rhydd o'r gwaith ddim wedi bod yn ddewis, wrth gwrs – ddim gyda'i rôl newydd fel Cynorthwyydd Lles Blwyddyn Saith yn ychwanegol at ei gwaith dysgu, a oedd yn mynnu cymaint o'i hamser. Pan lwyddodd i drefnu apwyntiad o'r diwedd, dyna gadarnhad gan y meddyg brysiog mai ar drothwy'r bennod anorfod honno, fel pob dynes arall, oedd hi. Dyna i gyd... Doedd dim gwadu'r ffaith bod y tabledi a'r clwtyn ar ei chlun wedi lliniaru rhyw gymaint ar y symptomau ac eto, doedd hi ddim yn iawn. Ddim o bell ffordd.

Y Newid. Darfyddiad... Hen derm hyll, di-droi'n-ôl fel atalnod llawn. Pwysodd Mared yn erbyn cownter y gegin, lle roedd llestri budr neithiwr yn bentwr blêr. Byddai Dylan yn eu clirio cyn iddo fynd i'w waith, gobeithio. Dyna oedd un o'i ffyrdd bach o ddweud wrthi ei fod o'n dal i falio. Doedd pethau ddim ar ben yn llwyr yn eu priodas. Ddim eto p'run bynnag.

Byddai Mared yn aml yn hiraethu am y nosweithiau braf o gwsg a brofai ers talwm a'r cysgu hwyr bendigedig yna ar y penwythnosau; Dylan yn picio i'r becws y peth cyntaf, cyn dod yn ei ôl gyda gwledd o basteiod a chacennau i'r ddau eu mwynhau. Darllen y papurau, neu garu, heb unrhyw frys, fydden nhw wedyn, heb orfod dilyn amserlen a heb ofidiau o fath yn y byd i'w plagio.

On'd oedden nhw wedi arfer bod yn gymaint o ffrindiau? Erbyn hyn, roedden nhw'n debycach i gyd-letywyr mewn hostel, yn hytrach na bod yn bartneriaid bywyd. Pa obaith oedd yna iddyn nhw oroesi a phethau fel ag yr oedden nhw? Teimlai Mared fel petai talp ohoni wedi mynd ar goll yn llwyr ac ysai am i'w gŵr gydio'n yn ei llaw i'w hatgoffa pwy oedd hi go iawn. Gallai ei glywed o rŵan yn stwrian ar y landin ar ôl noson ddidrafferth arall, iddo fo! Braf oedd bywyd dyn, meddyliodd Mared, wrth dywallt ei thrydedd gwpanaid o goffi.

* * *

Wrth gamu i'r car, teimlai Mared yr awel fain yn cripian o dan leinin ei chôt. Oedd y ffrog las a ddewisodd hi ar gyfer y gwasanaeth yn hollol addas? Digon posib ei bod hi braidd yn fyr ac roedd y gwythiennau hyll yna i'w gweld yn llwybrau tywyll trwy ei theits lliw croen.

Fynegodd Dylan ddim barn o fath yn y byd am ei gwisg pan ofynnodd iddo dros frecwast a dim ond yr edrychiad bach swrth arferol y tu ôl i sgrin ei ffôn gafodd hi gan ei merch. Yn aml, ysai Mared am i rywun ddweud wrthi pa gamau bach i'w cymryd o ddydd i ddydd. Roedd dewis pa *meal deal* i'w brynu'n ddigon o her iddi hi.

Wrth aros i'r car gynhesu, edrychodd Mared ar ei hadlewyrchiad yn y drych. Daliodd ar y cyfle i blycio ambell i flewyn o'i gên yn gyflym. Ers talwm, byddai'n arfer helpu ei nain i gael gwared â blewiach o'r fath, heb syniad mai'r un fyddai ei ffawd hithau. Byddai'n ceisio cael rhyw fath o drefn arni ei hun cyn cyfarch yr ysgol, os câi gyfle.

Pryd gawsai hi ei sodro yn sedd goluro ei merch a chael y sesiwn pampyr hirfaith yna? Cyn ei chyfweliad – dyna fo... Lara oedd wedi bod mor daer i'w thlysu, chwarae teg iddi. Wrth i Mared eistedd yn ufudd o'i blaen, aeth i feddwl beth fyddai'n dod ohoni; ei merch dlos a thal, oedd â digon yn ei phen, dim ond iddi ddefnyddio ei hamser yn gallach.

Ystyriodd ei rôl newydd. Pam gebyst y cytunodd hi i ymgeisio am y swydd a mynd trwy'r rigmarôl o gael ei chyfweld? On'd oedd ei phen hi'n barod wedi troi gydag oriau'r dysgu a'r holl waith marcio diddiwedd? Fedrai Mared ddim cynnal sgwrs gall â'i merch ei hun erbyn hyn, a'i phrif gyfrifoldeb oedd cynghori plant pobl eraill!

Symudodd yn ei blaen trwy'r niwl i gyfeiriad y dref. Ar y sedd wrth ei hymyl, roedd pentwr o fagiau ailgylchu yn llawn o hen ddillad a theganau Lara. Buon nhw wrthi'n addurno ei hystafell wely dros yr haf, ac roedd ei merch wedi cael modd i fyw yn dileu patrwm babïaidd papur wal ei phlentyndod, gyda haen ar ôl haen o baent du.

Nid ei merch fach siriol hi oedd Lara Melangell erbyn hyn. Trawodd Mared gipolwg ar sgrin ei ffôn, ar wên gynnes ei phlentyn teirblwydd. Simsanu cerdded o'i blaen mewn pâr o sodlau uchel oedd Lara yn y llun; ei llaw fach feddal yn cydio'n dynn yn ei llaw fawr hi. Bryd hynny, byddai'n cynnig cusan a chwtsh iddi bob cyfle a gâi. "Be ni neud 'fory, Mami?" byddai'n gofyn iddi bob penwythnos a hithau'n methu â chael digon o'i chwmni.

Gallai Mared deimlo ei gruddiau'n poethi wrth i atgof anghysurus ddod iddi. Cyn iddi ddechrau ar ei thriniaeth, roedd Lara wedi cerdded i mewn i'w stydi un noson, a hithau'n beichio crio ar y llawr pren, mewn panig brawychus, fel petai hwnnw wedi ei meddiannu'n llwyr, bron â bod. Rhythu'n anghrediniol arni wnaeth ei merch heb yngan gair, cyn troi ei chefn arni a chau'r drws ar ei hôl.

Atgoffai Mared ei hun yn gyson mai chwarae giamocs â'i thu mewn roedd hormonau Lara hefyd. On'd oedd ymwneud cyson Mared â'r holl blant anghenus a oedd dan ei gofal yn dangos hynny'n glir? Oedd Lara, fel nhw, fel hithau, yn teimlo fel cwch bach bregus ar donnau afreolus bywyd? Gresynai fod y ddwy ar chwâl ar yr un pryd â'i gilydd fel hyn, ond dyma oedd trefn natur, am ryw reswm. Tybed oedd gan Lara rywun tebyg iddi hi yn ei hysgol i rannu ei gofidiau â nhw, petai angen? Dim ond gobeithio…

Delwedd oedd pob dim i Lara ers mynd i'r Uwchradd – y topiau bach *White Fox* yna a'r colur *contouring* rhodresgar fyddai'n cymryd hydoedd i'w osod ar gynfas ei hwyneb. Faint o oriau roedd hi'n eu gwastraffu ar ei fideos *TikTok*, a'r holl *trends* a *memes* yna? Dyna lle cafodd hi'r syniad hurt o liwio ei gwallt y lliw gwyrddlas hurt yna, mae'n siŵr. Roedd hi'n amau ei bod hi'n gweld rhyw hogyn o'r stad, ond doedd dim diben ei holi na stilio'n barhaus.

Yn sydyn, rhuthrodd cerbyd blêr amaethyddol heibio iddi'n hollol ddigywilydd. Trodd Mared mewn ystum o anghrediniaeth â'i llaw yn cyfeirio at y gyrrwr, oedd yn siarad ar ei ffôn. Wrth ei phasio, sylwodd Mared ar yr arwydd 'Fferm Bryn Rhydd Farm'. Cofiai Mared fynd i'r fferm alpacas honno ar gyrion y dref i ddathlu pen-blwydd Lara, ac roedd hithau wedi bod ar ben ei digon yn mwytho'r pethau bach annwyl. Doedd dim modd ei darbwyllo i fynd ar unrhyw drip y dyddiau hyn wrth gwrs.

Yn symud yn araf deg tuag atynt rhwng y ceir, roedd hers. O'i blaen, gorymdeithiai dyn mewn siwt ddu, â ffon o'i flaen, yn sicr ei gamau ynghanol y ceir. Wrth iddo agosáu, edrychodd i fyw llygaid Mared y tu ôl i'w holwyn.

Ochneidiodd Mared yn isel. Gallai weld traffig y drafford yn cronni yn y pellter. Byddai'n well iddi fod yn brydlon heddiw, o ystyried testun ei sgwrs. Weithiau, byddai'n rhannu'r daith hon i'r ysgol gyda rhai o aelodau iau y staff, ond roedd hi wedi dechrau mynd i deimlo pellter rhyngddi a'r merched ifanc, gydag un o'r criw wrthi'n paratoi at symud i fyw gyda'i chariad ac un arall yn disgwyl ei phlentyn cyntaf. Wrth glywed eu sgyrsiau byrlymus am eu disgyblion, câi Mared ei hatgoffa o'i hen frwdfrydedd hithau at fyd addysg.

On'd oedd hi wedi straffaglu ers blynyddoedd erbyn hyn, yn amau'n gyson oedd yr adnoddau ganddi o gwbl i gyflawni'r swydd?

Estynnodd Mared am ei ffôn gan bwyso'r botwm i'w chwarae. Roedd y cyfle prin hwn i geisio gosod rhyw drefn ar ei meddyliau, heb neb arall i darfu arni yn rhywbeth i'w groesawu. Swniai ei llais yn annisgwyl o awdurdodol:

"Amser – dyna i chi un peth mae pobol wedi methu'n lân â'i reoli. Rydach chi'n codi yn y bore, wrth eich pwysa, heb frys yn y byd. Gwaedd o lawr y grisiau wedyn ac mae'n bryd i chi fynd i'r ysgol. Dim ond pum munud cyn y bydd y bws yn cyrraedd! Peth felly ydi bywyd. Mae'n hedfan ac yn cyflymu. Mae 'na eiriau am amser ar ddeial haul sydd wedi gwneud argraff fawr arna i..."

Daeth Mared i stop yn sydyn o flaen set o oleuadau. Roedd yr hen siop bysgod gerllaw bellach ar gau, gyda styllod pren yn gorchuddio'r ffenestri. Wrth edrych ar yr hen arwydd truenus, dychmygodd ei hun (nid am y tro cyntaf) yn berchen ar gaffi ei hun, rhyw ddydd. Roedd hi wedi chwarae 'rhedeg caffi' ers pan oedd hi'n ddim o beth, a hithau'n arfer cael ei sbwylio'n rhacs yng nghaffi lleol ei nain bob bore Sadwrn. O dan fwrdd y gegin y byddai'r caffi rhithiol yn digwydd fel rheol.

Wrth symud yn ei blaen, edrychodd eto yn ei drych ar yr hen siop. Dychmygodd ei hun yn peintio arwydd newydd ar gyfer ei chaffi clyd, cyn dewis digonedd o ddodrefn lliwgar a chartrefol... Breuddwyd gwrach, Mared fach, ceryddodd ei hun. I ba ddiben oedd rhamantu a hithau â thalp mawr o forgej yn dal i'w ad-dalu?

Yn tyrru yn nrws *Greggs* roedd praidd o blant ysgol wedi

hel. Braf oedd eu gweld nhw'n mwynhau cwmni ei gilydd. Dyna oedd apêl fawr rhedeg caffi i Mared, yn y bôn; y cyfle i ddiwallu'r angen dwfn mewn pobl am gymdeithasu.

Sglaffio toesion oedd ambell un, tra oedd rhai o'r merched yn gwirio eu colur gan ddefnyddio eu ffonau symudol. Roedd un o'r hogiau yn cael trefn ar gudynnau ei ffrind drwy ddefnyddio crib. Am annwyl... Daeth pang o hoffter drosti wrth iddi edrych arnyn nhw fel hyn y tu allan i gyd-destun yr ysgol. Plant oedden nhw, ond eto doedden nhw ddim wir yn blant 'chwaith, oedden nhw? Roedden nhw mor hunanymwybodol ac eto â chymaint i'w roi; yn sicr, ac eto'n ansicr eu pethau; mor awyddus i blesio ei gilydd ac yn llawn teyrngarwch. Oedd, roedd hi wrth ei bodd yng nghwmni'r rhain.

Ar fainc o'u blaenau, yn trio anwybyddu eu clebar, eisteddai dynes mewn siwt olau drwsiadus. Edrychai'n saff o'i phethau, rhywsut, ei cholur yn gynnil o dlws. Wrth ei hymyl eisteddai dynes drom, gwyn ei gwallt mewn côt flewog biws, yn sglaffio *éclair.* Teimlai Mared yn debycach i honno.

Cerdded yn glystyrau o fynedfa *Greggs* roedd y disgyblion ysgol rŵan. Gwyrodd Mared ei phen i'r naill ochr rhag iddyn nhw ei hadnabod. Criw o hogiau'r chweched oedd ar y blaen, wrthi'n gweiddi a gwthio ei gilydd i bob cyfeiriad o flaen y genod. Yr hogyn talaf oedd yn cael ei hambygio fwyaf, sylwodd Mared, wrth gael ei bwnio'n beryglus o agos at y lôn brysur...

Slamiodd Mared ar y brêc wrth i'r hogyn lanio'n glewt ar y tarmac o'i blaen.

Rhewodd wrth deimlo'r ergyd.

Plis, gweddïodd o dan ei gwynt. Plis, plis, plis…

Oedd o'n symud? Oedd, diolch byth, roedd o'n symud!

Yna, yr un mor gyflym â'r gwrthdrawiad, cododd yr hogyn yn ôl ar ei draed fel pe na bai dim yn y byd wedi digwydd.

Liam Campbell, sylwodd Mared… Pwy arall? Nid dyma'r tro cyntaf i hwn achosi trafferth iddi!

Heb feddwl ddwywaith, rowliodd y ffenestr led y pen gan weiddi'n orffwyll i'w gyfeiriad a bygwth cosb yn nes ymlaen. Piffian chwerthin yn hunanymwybodol oedd ei ffrindiau wrth iddo lusgo ei rycsac o'r tarmac a'i hyrddio'n ôl dros ei ysgwydd. Sylwodd fod un o'r hogiau yn pwyntio'n bowld tuag ati hi.

"Hei, Miss! Sut ma Lara?" Taflodd yr hogyn ei gwestiwn tuag ati'n chwareus (James Perkins oedd hwnnw), ei aeliau'n codi'n farc cwestiwn herfeiddiol.

"Ia, deuda helô wrth Laaaara wrthon ni, Miss!" ychwanegodd un arall yn dalog, gan ynganu enw ei merch mewn rhyw ffordd grand, ryfeddol.

Sut yn y byd roedden nhw'n adnabod Lara a hwythau mewn ysgolion gwahanol ac yn hŷn na hi? Ai'r cyfrif *TikTok* ddiawl oedd yn gyfrifol?

Daliodd Mared yn dynn, dynn yn y llyw gan geisio sadio'r cryndod ynddi… Dechreuodd gnoi gewin ei bawd yn reddfol. Yna canodd corn y tu ôl iddi yn fwyaf sydyn a sylwodd ei bod wedi rhewi yn ei hunfan. Trodd y goriad drachefn ac ailgychwyn ar ei thaith.

Âi'r hogiau ymhellach o'i golwg rŵan wrth iddyn nhw gamu'n ddi-hid i'w trefn ddyddiol. Roedd ei chalon yn dal i ddyrnu mynd, fel adenydd aderyn. Pryd regodd hi'n gyhoeddus, mor ddifeddwl â hynny ddiwethaf? Beth petai gair yn mynd ar led yn ystafell yr athrawon? Mor agos fu hi i daro'r hogyn... Dim ond trwch blewyn oedd rhwng yr hogyn a'r bonet! Dychmygodd y penawdau erchyll yn y papurau newydd am ddedfryd o garchar hir i athrawes brofiadol.

Gallai weld y Liam Campbell yna o hyd, yn dal i chwerthin o'i hochor hi hefo'i fêts swnllyd. Un o fois y stad oedd o a phrin wedi tywyllu coridorau'r ysgol cyn ei arholiadau... Sut lwyddodd hwn i gyrraedd y chweched, dyn yn unig a ŵyr!

Ar y radio, roedd y cyflwynydd ifanc yn glanna chwerthin wrth rannu'r ffaith mai ei gas beth oedd boreau dydd Llun. Oedd unrhyw un am ffonio i mewn i gytuno? Diffoddodd Mared y mwydro'n ddiamynedd gan droi'r sianel i Classic FM. Anadlodd yn ddwfn trwy ei thrwyn cyn gadael yr anadl allan yn ara deg bach. Roedd y cynnwrf y tu mewn iddi'n dechrau llacio, wrth iddi ganolbwyntio ar rythmau cyson Bolero.

Dewisodd ganolbwyntio unwaith yn rhagor ar ei haraith. Dychmygai ei hun yn estyn ei ffôn symudol o flaen y disgyblion er mwyn atgyfnerthu ei phwynt nesaf:

"Rydach chi i gyd hefo un o'r rhain. Ond plis, peidiwch â gadael i'r ffonau yma lyncu eich amser! Un cyfle i fod yn ifanc gewch chi. Dyma'r cyfnod y gellwch chi feithrin eich doniau. Dysgu. Disgleirio... Fyddwch chi'n gallu dweud ar ddiwedd eich ieuenctid eich bod wedi defnyddio eich amser i'w botensial yn llawn?"

Erbyn hyn, roedd ei llais wedi codi i oslef gwynfanllyd o uchel. Byddai angen iddi ymbwyllo ar y llwyfan. Oedd y bocs sebon o araith yma ychydig dros-ben-llestri? Oedd, mae'n siŵr. Roedd hi'n rhy hwyr i'w newid hi erbyn hyn. Beth bynnag, fentrai Mared ddim ad-libio.

Wrth yrru trwy glwyd yr ysgol, trawodd olwg ar gloc y car gan barcio yn ei man arferol wrth y fynedfa. Roedd mymryn o amser ganddi i osod rhyw fath o drefn ar ei diwyg o leiaf. Aeth ati i daenu colur dros ei hwyneb gan ganolbwyntio ar y cysgodion o dan ei llygaid. Byddai o hyd yn cofio'r cynghorion annwyl a roddodd Lara iddi cyn ei chyfweliad wrth iddi goluro; y camau bychan, pwrpasol hynny, roedd hi eu hangen wrth dlysu a mireinio.

Estynnodd nesaf am y masgara brown cyn gosod y lliw pinc cynnil a'r powdwr yn eu lle... Gweithredoedd mor syml, ac eto, roedden nhw o gymorth, doedd dim amheuaeth am hynny. Teimlai'r colur fel paent rhyfel grymus, yn rhoi'r nerth iddi i wynebu'r frwydr oedd o'i blaen. Edrychodd Mared ar ei hadlewyrchiad yn y drych bach wrth dacluso ei gwallt. Doedd hi ddim yn edrych yn ffôl, erbyn meddwl. Ddim yn ffôl o gwbl.

Dychmygodd ei hun ar y llwyfan ymhen yr awr, o flaen arwyddair sefydlog yr ysgol, yn uwch na'r disgyblion a'r athrawon i gyd, yn rhannu o'i phrofiad. Digon posib y byddai'n chwys ac yn gryndod o'i chorun i'w sawdl. Neu, pwy a ŵyr, efallai y byddai'n gwneud joban go lew ohoni. Efallai y byddai'n magu rhyw nerth newydd o rywle, a byddai aelodau o'r staff yn ei chanmol ar eu ffordd i wersi cyntaf y tymor.

Roedd ei haraith ar fin dirwyn i ben erbyn hyn. Pwysodd Mared ei phen yn ôl yn ei chadair wrth wrando:

"...Gadewch i ni, felly, wneud y gorau o bob cyfle! Mae bywyd

yn fyr, ond yn werthfawr! Prynwch yr amser. Daliwch o gerfydd eich dwylo. Heddiw..."

Teimlai Mared ei stumog yn tynhau yn fwyaf sydyn wrth weld y bws cyntaf yn llusgo trwy'r glwyd. Yr holl blant yna oedd angen ei sylw... Am ennyd, roedd yn ei hôl o flaen Liam Campbell; yntau'n codi ar ei draed yn drwsgl o'r lôn islaw. Gallasai pob dim fod wedi newid mewn un eiliad fer.

Fedrai hi ddim wynebu mwy o hyn. Fedrai pethau ddim parhau... Roedd hi wedi teimlo fel hyn am ei swydd ers blynyddoedd. On'd oedd hi'n bryd iddi wrando ar ei chyngor ei hun? Symudodd ei meddyliau ar ras... Beth oedd yr ateb? Fyddai modd iddi rannu rhai o'i chyfrifoldebau? Gadael byd dysgu'n gyfan gwbl, hyd yn oed? Byddai'n mynnu gair â'r Pennaeth heddiw. Roedd yn rhaid i rywbeth newid.

Dychmygodd olau cynnes y drws ffrynt yn ei chroesawu wrth iddi gyrraedd adref y noson honno. Ystyriodd y boddhad dwfn fyddai'n ei gael o dynnu ei sodlau, llacio ei gwallt a rhoi ei chês gwaith i gadw. Meddyliodd am y goflaid ddiarth fyddai'n mentro ei chynnig i'w merch – y ferch oedd yn dalach na hi erbyn hyn; y pryd blasus fyddai'r tri yn ei fwynhau – nid ar wasgar, ond gyda'i gilydd wrth y bwrdd – a'r gusan swil fyddai'n ei chynnig i'w gŵr cyn noswylio.

Diffoddodd ei ffôn a'i roi gadw ar ystlys y drws.

"Erys amser," sibrydodd y geiriau wrth gamu o'r car.

"Dyn â."

HYD BRAICH

Disgwyl i'r gwaethaf ddigwydd mewn bywyd sydd orau – dyna dwi wedi ei ddysgu. Fel yna, mae dyn yn cael syrpréis bach annisgwyl o bryd i'w gilydd.

Hen dywydd hyll oedd yn ein herbyn ni o'r dechrau a'r cymylau wedi crebachu fel clytiau budr mewn dwrn. Ro'n i wedi trio 'ngorau i'w ddarbwyllo fo a'i fisys i ddod ar ddiwrnod brafiach. Dyna fydda i yn ei wneud bob tro gyda'r ymwelwyr, er mai fi sydd wastad ar fy ngholled. Mi wnes i egluro y byddai tywydd mwyn yn gwneud gwahaniaeth ac yn eu galluogi nhw werthfawrogi'r profiad yn llawn, ond doedd waeth i mi siarad hefo wal garreg y tŷ ddim.

Felly, mi ddaethon nhw, yn do. Dros awr a hanner yn hwyrach na'r amser y cytunon ni yn ein sgwrs ffôn herciog i gyfarfod, ond mi ddaethon nhw'r un fath. Aros yng Ngwesty'r Ffin oedden nhw, wrth gwrs – er mwyn cael egwyl haeddiannol yn y sba, meddai o. Ro'n i wedi cynnig lle iddyn nhw ar y fferm, ond fedr dyn ddim gorfodi'r pethau yma.

Dyna'r lle'r o'n i yn fy oferôls budur yn ymladd ar ochr y lôn hefo'r rhacsyn arwydd yna, oedd wedi rhwygo yn y ddrycin yn ystod y nos; y deiliach brown yn slwtsh dan fy welis a'r gwynt yn gafael. Wrth gwrs, doedd o ddim yn mynd i fod fel y bobl ddŵad, yn cael eu harwain ar gyfeiliorn i gae anghywir gan eu *Sat Navs*. Ddim a fynta wedi ei fagu yma ar dir Bryn Rhydd, fel fi. Heilyn Llywelyn – fy mrawd bach swanc, sy'n hen law ar wneud beth gythra'l mae o ei ffansi mewn bywyd.

* * *

Yn angladd Mami annwyl welson ni ein gilydd ddiwethaf, dros flwyddyn a hanner yn ôl erbyn hyn. Rhyfedd meddwl… A bod yn onest, bron nad o'n i wedi synnu'n dawel bach y tu ôl i fy mrechdan *cress* ac wy, ei fod o wedi dod ar y sîn o gwbwl.

Cofio'r ddau ohonon ni'n dysgu'r deg gorchymyn yn y festri yna a Marged Huws uwch ein penna ni; y plant ifanc a'r rhai hŷn, pob un ohonon ni'n cael ein cymell i serio'r adnodau ar ein cof. "Anrhydedda dy dad a'th fam." Dwi'n cofio'r un yna, yndw.

Ond, dod yr holl ffordd nôl o'i dir pell i'n canol ni ddaru fo hefyd ac ew, bron nad oedd dyn yn disgwyl gweld y llo pasgedig yn cael ei rostio'n ddel reit o'n blaenau ni yn y festri i'w gyfarch o, i ddathlu, i nodi'r achlysur. Cymryd cip sydyn arno fo'n swil o'i gadair olwyn wnaeth Dadi. Codi ei ben rhyw fymryn i'w gydnabod a chynnig nòd bach i'w gyfeiriad.

Ychydig iawn holodd Heilyn amdano fo. Finna isio'i ysgwyd o, ei atgoffa fo fod Mami wedi mynd am byth – oedd o'n sylweddoli? Fel'na fuodd o hefo Mami hefyd, erbyn meddwl. Y diwrnod roeson ni hi i ofal yr holl bobol ffeind yna yn yr hosbis, roedd o wedi pwysleisio ar y *Facetime* na fydda fo o gwmpas am sbel i ymweld â hi.

Dyna fydd o'n neud erbyn hyn, dwi wedi sylwi. Fydd o byth yn holi gormod. Dim ond holi rhyw gwestiynau cryno, hwnt ac yma am ddatblygiadau'r MS wrth sipian ei de. Dyna gawson ni'r p'nawn hwnnw, cyn iddo fo'i g'leuo hi'n ôl am Gatwick. Be wyddai o am yr hyn oedd yn fy mhlagio i o fore gwyn tan nos? Mami druan a'r *Alzheimer's* i ddechra. Wedyn Dadi... Doedd o ddim mewn sefyllfa i helpu ei rieni, wrth gwrs, ond roedd ganddo fo hen ddigon o *bucks* i dalu am ambell i daith 'nôl i'w hen fro, doedd bosib?

Mi allaswn i fod wedi taenu pob un manylyn i ddangos mor anobeithiol oedd y sefyllfa, ar hyd lliain bwrdd tenau ein mân siarad, fel sbred capel; yr holl gyneddfau oedd yn methu, yr holl nosweithiau di-gwsg wrth i Dadi ddisgyn yn glewt, bob sut, o'i wely; yr holl aros ac aros parhaus am ambiwlansys i ddod i'r adwy... Dros bymtheg awr y tro dwytha. Dadi druan, cyn mynd i'r cartra, ar ei hyd ar lawr ar deils oer y gegin, yn methu'n lân â theimlo ei goesau ei hun, heb sôn am yr haint dŵr yn ei wneud o'n dw lali bost. Ond doedd waeth i mi heb â rhannu dim am hyn i gyd hefo Heilyn, wrth reswm. Edrych ar sgrin ei ffôn am ryw achubiaeth fyddai o.

Mor wahanol oedd pethau ers talwm. Bryd hynny, byddai o'n frawd go iawn, yn edrych i fyny ata i fel y brawd hyna a phob dim. On'd oedden ni wedi dod i oed hefo'n gilydd ar y bryniau yma? Ella fod rhaid i rywbeth farw ym mhob teulu pan fydd rhywun yn gadael y nyth, ei dylwyth a'i orffennol i gyd. Wn i'm.

* * *

Mi lithrodd ei gar swanc heibio i mi, yn ara deg bach ac yn ofalus y prynhawn gwyntog hwnnw a'i fiwsig bwm, bwm yn annioddefol o uchel. Yn popio trwy'r to agored, roedd ei ben gwalltog, yn gomig braidd, fel dyn bach *Duplo*, er ei bod hi'n tynnu at fis Hydref. Uwch ein pennau, roedd barcud yn cylchu, yn barod i blymio.

"Hei! Ti'n dal heb ga'l trefn ar y cerrig 'ma, mêt?"

Cyfeirio at yr hen lwybr blêr yng ngheg y fferm roedd o. Fel tase gen i flynyddoedd o amser i'w llenwi.

"Ti'm yn poeni am geir dy gwsmeriaid di? Cofia am *Tripadvisor*, boi!"

Llithro o'i sedd ledr fel llaw o faneg wnaeth o wedyn gan bwyntio at ei gar a fy annog i eistedd y tu ôl i'r olwyn.

"Ti isio go, Mici? C'laen! I ti ga'l y profiad 'de."

G'neud môr a mynydd go iawn ddaru fo. Un 'letrig, a ballu a ballu... Gwrthod 'nes i – dim math o ddiddordeb gen i mewn ceir, ac ro'dd o'n gwybod hynny'n iawn. Tractors fu 'mhetha i erioed, ond pwyso a mynnu ei ffordd wnaeth o, felly mi blygais i drosodd i'r sedd y tu blaen.

"Hwn yn mynd fel breuddwyd 'sdi. Fel blydi breuddwyd! A ma'n hollol dawal!"

Ddim mor dawel â hynny, meddylies i, a'i fiwsig gwirion o'n dal i fygwth drilio twll yn 'y mhen i.

"Be ti'n meddwl, ta?" gofynnodd o'n eiddgar i gyd. "*Maxed–out spec*, boi, *modified;* model unigryw – jest fel fi!"

Chwerthin yn uchel wnaeth o wedyn. Finna'n ysu am weld lliw ei din o'n ei g'leuo hi trwy'r llidiart, a phrin pum munud oedd wedi pasio.

Rhyw hogan o 'Merica oedd yn hongian ar ei fraich o'r tro yma. Trip gwaith yn Llundain i Heilyn oedd wedi eu tynnu nhw draw, eglurodd hi wrtha i'n glên.

"Isio gweld sut le oedd yma i fi pan o'n i'n hogyn bach, ma' hi," medd Heilyn, gan bwyntio at y dirwedd o'n blaena ni, "yn byw fan hyn, yng nghanol nunlla. Pwy 'sa'n meddwl, y? O'r llwch, mi gododd y ffenics, bois bach!"

Un osgeiddig, dal, saff o'i phetha oedd hi. Llais cynnes, ara-deg-bach; meddal fel mêl a'i gwallt hi'n donnau du o dan ei het o wlân. On'd oedd hi'n edrych gymaint allan o le, rhywsut, ynghanol y mwd, wrth i'r ieir hel o gwmpas ei thraed, oglau tail drws nesaf yn llenwi'r awyr? Mi roedd Heilyn wastad yn llwyddo i ddal sylw y merched del, ond barus ydi 'mrawd hefo'r merched hefyd. Mynnu ei *upgrades* cyson, fel ei geir.

"Mynd am yr edrychiad Siôn Corn 'dan ni, Mici?" gofynnodd o, gan roi sgwd bach i fy marf hefo'i law. Fo â'i wynab meddal, hogyn bach...

"Lle ma' dy alpacas di'n cuddio ta? Gobeithio nad ydi'r petha bach blewog ddim yn cnoi. Côt *Barbour* 'di'r gôt 'ma, ddim rhwbath, rhwbath o *Peacocks*!"

Côt gŵyr sgleiniog ffermwr cogio roedd o'n ei gwisgo. Fel dyn dŵad go iawn.

"Yn y cae bach ma nhw," atebais i.

"Pam ddim yn y cae mawr? Allet ti neud dy ffortiwn yn llenwi hwnna efo'r cythrals!"

Doedd waeth i mi heb esbonio fod fan'no'n llawn danadl poethion, eiddew, chwyn, tyllau niferus yn y ffensys a bod pob math o resymau eraill i wneud magu alpacas yn amhosibl yno. P'run bynnag, doedd gen i ddim gwir awydd egluro manylion y busnes gan nad ydi o ddim o'i fusnes o. Fy menter i ydi hon.

* * *

Digon araf ar ei thraed oedd hi – Louise, neu Lulu, fel yr oedd o'n ei galw hi. O leiaf roedd ganddi ddigon o synnwyr i fenthyca y welis gynigiais i iddi, yn wahanol iddo fo.

"Dwi'm yn gwbod lle ma' rheina wedi bod, nac'dw!" meddai o wrth droi ei drwyn ar y pâr maint deuddeg yn fy llaw. Rŵan, mi fyddech chi'n disgwyl i hogyn o gefndir ffermio gofio mor hanfodol ydi gwisgo 'sgidia call. Doedd ei glocsia lledr crand o ddim y pethau mwyaf addas.

"Fa'ma 'di'r lle gora' am lun," meddwn i, wrth i mi drio estyn croeso i'r ddau. O flaen yr hen goeden dderwen roedden ni, gyda theiar yr hen dractor a 'Fferm Bryn Rhydd Farm' wedi ei beintio ar ei waelodion mewn paent gwyn. Uwch ein pennau, roedd haid o wenoliaid yn hedfan am adref.

Ychydig flynyddoedd yn ôl mi wnes i hongian siglen ar raff o'r hen dderwen, er mwyn diddanu'r plantos sy'n dod yma am sgowt. Yn y tywydd garw, mae hi wedi mynd i edrych yn reit hyll, yn debycach i raff grogi ynghanol y cae unig, yn hytrach na rhywle i blant fedru difyrru eu hun.

"Cofio chdi'n disgyn o hwn, Mici. Waw, golwg y diawl arna chdi, yn do'dd? Dannadd chdi hyd y llawr, fatha tic tacs!"

Do'n i ddim wedi anghofio. Ma' damweinia'n digwydd ar ffermydd drwy'r amser. Ar fy ngliniau o'n i'n chwilota fel ynfytyn am y dannedd coll yn y pridd. Fi oedd y cryfaf, bryd hynny hefyd, ond estyn ei law allan i fy helpu ar fy nhraed ddaru fo, dwi'n cofio.

"Gwaed ar hyd dy wynab di, 'yn do'dd? Ffasiwn ffys 'nest di! Bechod."

"'Na i gymryd llun ohonoch chi, Heilyn... Os 'dach chi

isio?" cynigiais i gan orfodi gwên, ac mi eisteddodd y ddau ar y teiar – hithau'n swatio'n glyd i gyd yn ei gôl, a fynta â'i fraich wedi ei lapio'n dynn, dynn amdani, fel neidr, yn ei meddiannu.

"Diolch i ti, boi," medda fo wedi i mi dynnu'r llun a llithro o'i gafael. "Prawf bach bo fi *yn* dod 'nôl i'r hen le 'ma weithia, 'de!"

Nodiais yn swrth wrth roi'r ffôn yn ei law.

"Hei, pryd o'n i yma ddwytha, ti'n cofio?" gofynnodd. "Ti'm yn ca'l y fraint o weld dy frawd bach yn amal, nag w't?"

Doedd fy mrawd ddim yn cofio pryd gladdodd o ei fam ei hun. Roedd y dyn y tu hwnt…

"Sonia fwy am y busnas alpacas 'ma ta," medda fo wedyn gan ffugio cymryd diddordeb. "Pot pensiwn bach del i chdi, gobeithio?"

Tueddu i'n holi i'n dwll am gynnwys fy nghyfrif banc mae 'mrawd bob tro, fel taswn i ac nid fo, yn graig o arian.

Roedd hi'n dlws, ei gariad o, fan yna ar ben y bryn. Fel rhyw seren o Hollywood o'r pedwardegau, yn sefyll yn dalsyth a hunanfeddiannol o dan y brigau, ei gwallt yn chwipio'n rhydd. Edrychai hi'n syfrdan ar yr olygfa ac mi alwodd ar y ddau ohonan ni, yn frwd yn ei hacen gref Americanaidd, i ymuno â hi. Mor rhyfeddol oedd y cyfan i gyd i'r ddynes yma o'r wlad bell.

Hi oedd yn llygad ei lle, mae'n siŵr. 'Does unman yn debyg i gartref' medd yr hen gân, ac ia, ryw ardd Eden oedd y lle hwn i mi, ers talwm, ond ma petha'n newid… Taswn i'n glanio yma rŵan, am y tro cyntaf, ella mai dim ond mawredd aruthrol y llethrau baswn i'n ei weld, fel hitha.

Ond pan fydd dyn yn troedio'r un hen le, ddydd ar ôl dydd ac yn gallu gweld y brychau sy'n stelcian ym mhob twll a bali congl, yna buan eith o'n ddall i'r olygfa sydd o'i flaen.

Dwi'n gallu dangos rhannau gwahanol y dref i'r ymwelwyr, bron â bod y cyfan, o'r fan hyn a gweld tir eang Lloegr yn cusanu ein caeau ni. Dwi ddim yng nghanol bywyd i lawr yn y dre yna, nac 'dw, ond mae yna gysur rhyfedd i'w gael hefyd, o weld y bwrlwm yno, ond o bell.

Ymddangosodd rhyw olau annisgwyl wrth i'r cymylau ddiflannu. Roedd y cwm i gyd yn taenu'n garped gwyrdd disglair oddi tanom ac am ennyd, mi fedrwn i deimlo fy hun yn llonyddu wrth glywed sisial y dail fel tasen nhw'n galw fy enw i. Bron na fydd rhywun yn clywed y coed yn canu emynau yn yr hen le yma ar adegau felly.

Dyma lle cafodd fy mrawd a finna ein magu hefo'n gilydd, yr holl flynyddoedd yna'n ôl bellach… Tybed beth feddylia'r hen dirlun o'n gweld ni fel hyn? Mi ddychmygais weld fy mrawd yn sefyll draw acw ar un ochr i'r ffin a finna ar yr ochr arall a gweld gagendor enfawr yn teyrnasu rhyngom ein dau.

"Mici, deud 'tha'i, lle ma'r gwarthag 'di mynd gen ti? Ti'm 'di rhoi'r ffidil yn y to hefo rheini hefyd, nag w't?"

Edrych allan i gyfeiriad y cae pella roedd o. Nid jest y defaid sydd wedi gadael y tir. Dim ond hanner dwsin o ieir yng nghefn yr hen dryc rhydlyd sydd ar ôl o'r hen deulu. Pob buwch a dafad wedi hen ddiflannu fel tarth y bore.

Cael fy ngorfodi i mewn i'r busnes yma ges i – dyna ddyliwn i fod wedi ei ddweud. Os o'n i am gadw fferm sydd wedi bod yn y teulu ers chwe cenhedlaeth, wel, doedd gen i'm dewis yn y mater, heblaw am feddwl y tu allan i'r bocs, yn nag oedd? Roedd hi'n iawn arno fo, yn cael jolihoetian rownd y byd a byw fel fynnai o!

"Hei, w'ti 'di meddwl am dacluso'r lle 'ma 'chydig?" awgrymodd o wedyn gan edrych yn feirniadol o'i gwmpas. "Bach o drefn, i chdi ga'l meddwl cliriach, ti'n gwbo? Sori, ond ma petha 'di mynd i'r gwellt, braidd, yn do? Stad y wefan gen ti. Ma'n edrach fel rhwbath o 1994! Hei, jest bod yn onast dwi, fel brawd 'de... Os ti isio 'nghyngor i, ti angan brandio'r busnas – *e-commerce* ar y wefan, *google ads...*"

Un peth ydi cael grŵp cymorth rhithiol ffermwyr alpacas i annog dyn yn ei flaen, ond mae rhywun angen cwmni yn y cnawd o bryd i'w gilydd. Er hynny, mae'n well gen i gyngor gan bobl sy'n saff o'u petha, yn hytrach na 'mrawd di-glem.

"Wedyn o ran y ffarm ei hun, dyma ti angan neud, ocê? Hei, 'sa'n braf gweld yr hen le 'ma 'nôl ar ei draed. Dyfal donc pia hi! Reit, ti'n gwrando? Un..."

Codi ei fys i fyny i'r awyr lwyd wedyn ddaru fo, yn awdurdod i gyd. A dyna lle fuodd o'n paldaruo a siarad siop am gynlluniau busnes a ballu a ballu... fel taswn i wedi mynd mewn i'r fenter yma gyda 'mhen wedi ei foddi mewn tas wair. Be wyddai o am dalcen caled di-ben-draw y gwaith? Am ymdrechu ganol nos i eni alpacas heb help llaw neb, am wario'n ddiddiwedd ar fwyd ac ar foddion i gadw anifail yn fyw? Be wyddai o am fentro gwario dros wyth mil i fanteisio ar y gwlân, a mond llond dwrn o gwsmeriaid yn fodlon talu'r ddau gan punt am siaced oherwydd y lliw erchyll ddewisodd y cwmni wrth lifo? Siop bach *Treasures* yn y dre hyd yn oed yn gwrthod eu gwerthu nhw... Be wyddai o am erwinder y gaeafau, ar fyw o'r llaw i'r genau ar sborion ymwelwyr, ar ymdrechu ymdrech deg, ond i ba ddiben? Be wyddai o am ddiddymdra uffernol yr holl beth? Yr unigedd sy'n bygwth bwyta dyn yn fyw? Diawl o ddim. Dyna i gyd.

Dyma fi'n dal ati i arwain y ffordd gan drio cadw'n hwyliau – er ei lles hi, os nad neb arall. Hithau wedi dod draw yma'r holl ffordd. Hofran am ennyd o flaen y sgubor wnaethon ni wedyn ein tri.

"Fel arfer, ar ddechra'r daith, dwi'n annog ymwelwyr i roi help llaw, i nôl y gwellt o'r 'sgubor. 'Dach chi isio...?"

"Na Mici," meddai o'n bendant i gyd. "'Sgynnon ni ddim drw'r dydd ac nid ceffyl chwaral dwi, naci? Pam ddylwn i halio bagiaid o wellt rownd y lle?" Cyn ychwanegu "Dwi ar fy holidês, cofia!"

Mae bywyd yn holidês i rai, meddylies i, ond nes i jest nodio'n dawel. Roedd ganddo fo bwynt am y bydda'r sachau yn drwm ar y diawl ar ôl iddyn nhw gael eu llenwi. Es i mewn i'r sgubor a'u gadael nhw i sefyllian yn y fynedfa.

"Gwaith calad i chdi, Mici – yr hen le 'ma. Chwara teg i chdi boi," medda fo'n fwyaf nawddoglyd gan edrych i lawr arna i o'r fynedfa yn gwasgu'r gwellt i mewn i'r sachau enfawr.

"O, 'm isio i chdi boeni amdana fi, 'sdi Heilyn," atebis inna gan barhau i luchio'r gwellt yn ddiamynedd i grombil y sachau.

"Felly, be mae O'n feddwl ta?" gofynnodd wedyn i mi, gan wneud rhyw ystum ffwrdd-â-hi hefo'i law. "Dad... O hyn i gyd?"

"Ti 'di bod i'w weld o eto?" gofynnis i'n sydyn.

"Ddim eto, na... 'fory 'dan ni'n mynd i'r cartra."

"Jest cyn i chi ada'l, ia?"

Mi orweddodd y distawrwydd drostan ni wedyn; estyn yn hir fel darn o hen ledr. Fo dorrodd y tawelwch.

"Mici – sori gofyn 'de, ond pam alpacas?" Roedd o fel rygarŷg yn holi a holi am hyn. "Hynna ydi, *alpacas*?" gan wneud ryw sŵn rhochian yn ei lwnc mewn anghrediniaeth. "Mae o jest yn 'nharo fi bach yn chwit-chwat – wn i'm... Rhaid bod Dad yn torri ei galon. 'Di o ddim fatha bo nhw'n perthyn i'w dir o, nac di? A ti 'di dewis halio nhw draw 'ma yr holl ffor' o Beriw, neu o ble bynnag ma' nhw'n dod... Ond hei, chdi sy'n gwbo be ti'n neud, 'de!"

Wrth i mi godi'r sachau, dyma fi'n sylwi yn fwyaf sydyn bod fy llygaid i wedi llenwi gan ddagrau. Es i 'mlaen heibio drws y sgubor yn reit handi rhag i'r ddau sylwi. Dwi ddim yn meddwl y gwnaethon nhw, diolch i'r drefn.

"Hei Mici, ti'n gwbo be ti angan, 'dwyt? Gwylia bach. *'All in'* math o beth, i ti a Dad – gada'l i dy hun ga'l *chill* go iawn. *Cruise* ella! Alla i gyfrannu at y pot, os ti angan, jest i chdi ofyn..."

'Ro'n i'n decharu teimlo fy hun yn fflagio go iawn erbyn hyn. Mi allwn i deimlo gwaelod fy nghefn i'n bygwth rhoi a Heilyn yn helpu dim hefo'r cario. Felly'r oedd o ar ddiwrnod claddu Mami hefyd. Gwrthod cario'r arch hefo'r gweddill ohonon ni'r dynion, hefo rhyw esgusodion handi, cyn iddo fo ei heglu hi am ei drip busnas pwysig nesa. Fy ngadael i ysgwyddo'r baich, yn ôl ei arfer.

"Gwyliwch y mwd yma rŵan, gan bo hi'n t'wllu," medda fi, cyn ychwanegu, "Ma hi'n reit llithrig."

Anelais fy rhybudd yn benodol tuag ati hi, ac mi groesodd fy meddwl bryd hynny y dylwn ei rhybuddio hi cymaint o gi diegwyddor oedd ei phartner. Dweud wrthi'n strêt sut un oedd o go iawn… Ro'n i wedi gweld hen ddigon o dystiolaeth ar ei dudalen *Facebook* dros y blynyddoedd, yn do'n? Un ddynas ddel ar ôl y llall yn gwenu'n ddengar ar y camera, cyn cael eu disodli gan y dewis nesaf – druan â nhw.

"Ma'r gwynt 'ma'n ein herbyn ni heddiw, ma arna i ofn," dyma fi'n esbonio wrth i ni ddal ati i ddringo'r llethrau. "Bydd rhaid i ni drio llwybr gwahanol i'r arfer. Gawn ni weld sut eith hi, sut hwylia fydd arnyn nhw. D'yn nhw ddim yn licio gwynt o gwbwl. Ma'n 'u cynhyrfu nhw braidd."

"Anodd 'u plesio nhw, ia?" meddai o, wrth ei lordio hi o 'mlaen i fel tase fo'n rhedeg y sioe. "Fel'na ma'r merchad 'ma, yn 'de!" meddai cyn wincio'n bryfoclyd i gyfeiriad ei gariad.

"Ma 'na ferched *a* dynion yn y praidd, Heilyn," medde fi'n sych, gan ei oddiweddyd o'n sydyn er mwyn agor y giât.

"A sut ma' nhw'n ei neud o ta, Mici? Y *dirty deed*? Ma'n siŵr 'u bod nhw'n dipyn o sioe!"

"Cer ar y We, os tisio gweld hynny," medde fi'n reit siort, gan feddwl mor od oedd yr holl broses a dweud y gwir. Y gwrywod yn gorwedd am yn hir, hir ar ben y merched goddefgar wrth adael i'w had wneud eu gwaith yn araf deg bach.

Aethon ni drwy'r goedwig, heibio i'r degau ar ddegau o ddrysau bach tylwyth teg rois i ar waelod y boncyffion i gymell plant bach ar eu taith. Mi roddes i gic fach gynnil o'r neilltu i lygoden fawr oedd wedi trengi ar ymyl y llwybr.

Wrth draed yr hen sycamorwydden, roedd y pwll lleidiog lle dynnes i 'mrawd ohono fo rhyw fore oer o Ionawr. Cofio'r niwl gaeafol yn glymau o'n cwmpas ni'n dau a'r panig yna lond ei lygaid, wrth iddo fo estyn ei law amdana i yn wyllt fel melin wynt wedi torri...

Roedd fy meddyliau i'n glymau i gyd wrth i fy welis suddo trwy'r mwd ar ein taith. Cymaint o ddamweiniau fuo ar y tir yma wrth i ni'n dau dyfu. Gormod o beth uffar. Dechrau'r Uwchradd oddan ni, dwi'n cofio, yn hyder i gyd a heb weld byrnwr o'r blaen, ar wahân i luniau mewn catalogs ffermio – ein chwilfrydedd yn ormod. Fy sgrech annaearol wedyn yn llenwi'r lle – y gwaed yn ysgarlad fel popis gwylltion a Mami a Dadi ddim ar y cyfyl...

Erbyn hyn, roedd yr awyr yn bygwth tywyllu a'r gwynt yn cydio am fy ngwar. Uwch ein pennau, mi fedrwn i glywed y brain a'u clegar yn hel yn y brigau. Roedden ni'n agosáu at braidd y gwrywod erbyn hyn a finnau'n ddigon balch. Mi fedrwn i eu gweld nhw'n smotiau cyfarwydd brown, gwyn a du yn y pellter. Medra i enwi pob un.

Dyna basio'r ffens uchel ro'n i newydd ei chodi ar fy mhen fy hun bach yn ystod nosweithiau hir yr haf. Weiren bigog gref ar y top i gadw'r praidd yn saff ac allan o afael unrhyw beryg. Yn syth bin, aeth Heilyn ati i gwestiynu'r defnyddiau, cyn hel atgofion am y wal garreg soled oedd yno ers talwm. Dadfeilio dros dreigl y blynyddoedd ddaru'r wal yna, fel pob dim arall yn yr hen le 'ma. Wrth reswm, mi fyddai wedi costio mynydd o amser ac egni a phres i ailgodi wal felly. Cadw'n dawel wnes i, a f'amynedd yn dechrau pallu o ddifri erbyn hynny.

Beth fyddai'n dod o'r darn yma o dir ar ôl i mi fynd, tybed? Dyna gofio sefyll wrth ymyl Dadi, o flaen yr hen wal gerrig yr holl flynyddoedd yna'n ôl. Bryd hynny, pan oedd trefn i'r dyddiau a phob dim yn ei le, pan oedden ni'n tri yma hefo'n gilydd a Mami yn y tŷ yn morol am brydau a phaneidiau.

"Dyma dy dir di, 'ngwas i." Ei ddeud o fel'na wnaeth o. Fel tase'r peth yn ffaith, fel ffawd ddi-droi'n-nôl ddigamsyniol. Braint. Rhodd o law'r cyndeidiau. Dim math o ddewis yn y mater. Dim byd felly…

"Waw, golwg angan brwsh ar rhein, does?" oedd sylw fy mrawd yn glyfar i gyd. "Hei, be 'di'r gwahania'th rhwng rhein a lamas ta?"

Ochneidiais dan fy ngwynt. Taswn i'n cael pum punt am bob tro ga i'r cwestiwn hurt yna, mi fyswn i'n ddyn cyfoethog iawn.

"A pham bo nhw'n driblan fel hen ddynion?"

"Fedran nhw ddim peidio, Heilyn…"

Dyna fi'n ei ddychmygu o wedyn, fy mrawd bach, allan o'i le yn llwyr yn y cartra hen bobl hen ffasiwn yna, lle'r oedd Dadi'n prysur ddadfeilio yng nghwmni hen bobol eraill o'r dre 'ma. Am ba hyd y byddai o'n aros wrth draed y gwely bach cul y tro yma, tybed? Oedd ganddo fo fwriad i fynd i ymweld â'i dad fwy nag unwaith, a fynta wedi teithio mor bell?

Dadi druan… Oedd o, hefyd, wedi teimlo brath yr euogrwydd dros dreigl y blynyddoedd fel finna? Beryg ei fod o. Dwi'n cofio tawelwch y ward fel taswn i yno ddoe ddwytha. Yr Heilyn ifanc yn cilio'n raddol wedyn cyn codi ei bac maes o law a'n gadael… Ein gadael ni ein tri yn gegrwth yn y maes awyrennau prysur yna ddaru fo, heb droi'n ei ôl unwaith i godi ei law mewn ffarwél.

"Felly, deud 'tha' i – faint o'r alpacas 'ma s'gin ti ta? Cannoedd?"

Dim ond dau ddeg pedwar sy 'na erbyn hyn. Farwodd Idris fis dwytha, tua'r un adeg â Miri y llynedd. Hi oedd fy ffefryn i. Miri fach – natur annwyl, eiddgar i blesio rhywsut. Tydi pobl ddim fel petaen nhw cweit yn fy nghredu i pan fydda i'n egluro bod pob un ohonyn nhw'n meddu ar natur unigryw, ond mae'n berffaith wir. Gladdes i Miri dan gysgod yr hen dderwen. Mi gymrodd hydoedd i mi dorri bedd iddi ac mi fu'n rhaid i Jôs y ffariar fy helpu fi'n y diwedd hefo'i llusgo hi. Finna'n trio cael trefn ar fy hun o'i flaen, a fynta'n hen law ar ddelio hefo anifeiliaid marw a pherchnogion mewn galar.

"Bleddyn a Tudno fydd yn mynd â chi am dro heddiw."

"Pa rai 'di'r rheini? Nid yr un heglog fan'cw gobeithio, naci? Mae o'n edrach fel tasa fo ar fin disgyn i'w fedd, bechod!"

Erbyn i ni gyrraedd, roedd y cr'aduriaid druan yn anniddig, felly es i ati'n reit handi i'w bwydo nhw cyn pasio harnes yr un i'r ddau.

"Pam 'da ni'm yn mynd draw atyn nhw?" gofynnodd o wedyn fel hogyn bach pwdlyd, gan bwyntio at y merched yn y cae gyferbyn.

"Ma'r merchad dipyn ffyrnicach," esboniais i'n amyneddgar. "Mwy o fywyd ynddyn nhw, yn enwedig yn y tywydd yma..."

"Hei, dim gwahaniaeth gynnon ni, siŵr!" atebodd o'n dalog i gyd gan droi at ei Lulu. Cydymffurfiodd hithau gan wenu'n ufudd, felly ymlaen yr aethon nhw, jest fel'na, y gwynt yn eu gwalltiau a 'mrawd yn gwthio'r glwyd led y pen hefo'i fraich fel tase fo'n berchen ar y lle. 'Nes i drio galw arnyn nhw, ond doedd o'n gwrando dim arna i, yn amlwg yn eiddgar i ddangos iddi ei fod o'n dipyn o ffermwr.

Pan glosiodd y praidd aton ni wrth ymyl yr hen fàth haearn gyda'u brefu meddal, dangoses sut oedd eu tawelu. Rhoi cledr y llaw yn fflat o flaen eu ffroenau bach siâp calon cyn cynnig y bwyd iddyn nhw.

Mi 'nes i synnu at y diddordeb ddangosodd hi ynddyn nhw a bod yn onest. Ro'n i wedi rhyw feddwl na fydde hi'n cynhesu atyn nhw o gwbwl – dynes y ddinas a ballu – ond mi roedd hi fel hogan fach mewn sw; wrth ei bodd gyda'u gweflau blewog yn eu goglais wrth iddyn nhw fwyta'n awchus.

"Gen ti jel dylo, neu rwbath i ni'n handi wedyn, gobeithio. Oes?" gofynnodd o wrth estyn ei ffôn a'i anelu'n agos, agos, at wyneb Blodwen druan.

"Heilyn, fysa well i ti beidio neud hynna," medde fi â rhybudd yn fy llais. "Y genod... ma' sawl un yn feichiog ar y funud – a'r gwynt 'ma – ma'n deud arnyn nhw – wir, 'dy'n nhw ddim yn licio..."

Dal ati i glic clician wnaeth o 'run fath. Stwffio'r teclyn reit yn eu hwynebau bach meddal a'u dilyn nhw fel rhyw aelod bolshi o'r *paparazzi*. Bu bron i mi weiddi arno fo eto i stopio, ond do'n i ddim am gynhyrfu'r genod 'chwaith. Rhyngddo fo a'i betha', meddylies i.

Mi rois i fy sylw i gyd i Louise wedyn. Dangos iddi sut oedd mwytho'n gywir a gadael iddyn nhw ei harwain hi rownd y cae gyda'r harnes a ballu. Roedd hi yn llawer mwy cyfeillgar hefo nhw, chwarae teg.

Dyna pryd glywes i fo, fy mrawd, yn sgrechian nerth ei ben â phanig lond ei lais.

"Mici! G'na rhwbath, Mici! G'na rhwbath! Rŵan! Mihangel… PLÎS!"

Sefyll yno fel rhyw fwgan brain cam, wedi torri oedd o, druan â fo; y praidd yn ei amgylchynu a fynta'n trio gwarchod ei wyneb wrth godi ei fraich o'i flaen. Roedd o wedi ei fferru gan ofn, yn ddyn dŵad yng nghae ei blentyndod ei hun; mwd yn drwch ar hyd ei drywsus golau a'r merched beichiog yn heidio o'i gwmpas – yn cylchu o'i gwmpas yn glòs gan hisian eu casineb tuag ato yn agos at ei wyneb syn.

Gwylltio'n lân ddaru fy mrawd bach pan es i gynnig help llaw iddo, fel taswn innau hefyd wedi poeri i'w wyneb. Rhoddodd hergwd i mi a'm gwthio naill ochr cyn llithro'n flêr a disgyn wysg ei gefn yn y mwd. Yna, haliodd, ei hun yn drafferthus yn ôl ar ei draed, gan edrych yn ddigon truenus o flaen ei gariad syn.

"Ti'n boddi yn y lle 'ma, yn dw't Mici?" Cyhoeddi'r datganiad wnaeth o, o flaen y praidd, yn bowld i gyd, fel tase'r peth yn ffaith. "Waeth i chdi gyfadda ddim! Honni petha mawr i dy frawd bach yn dw't, ond yli'r stad sy ar y lle! Ma'n pathetig!"

Ro'n i'n gegrwth. Finna wedi straffaglu cyhyd… Fo gafodd ddianc, fo gafodd galifantio i ben arall y byd gyda'i *free card* ddiawl!

"Sgin ti'm math o hawl i farnu 'Bryn Rhydd'!" atebais, heb ddal 'nôl. "Fi sy 'di cadw'r lle 'ma ar ei draed, nid chdi!" Llifai'r geiriau'n ffrwd flêr o fy ngheg wrth i'r awyr dywyllu'n gyflym uwch ein pennau. "'Nest di dy ddewis pan ddaru chdi droi cefn ar y lle!"

"'*Dewis*' ddudist di?" Bytheiriodd mewn llais isel,

crynedig, gan rythu'n syth i mewn i'm llygaid, ei wefusau'n troi am i lawr wrth iddo ysgyrnygu fel rhyw gi oedd wedi colli asgwrn. "A pha *ddewis* o'dd gin i'n union?"

Mi gafodd rhyw nerth o rywle wedyn. Dyma fo'n straffaglu trwy'r praidd yn ei esgidiau dinas anaddas, cyn gwthio heibio finnau a'i gariad oedd yn galw ar ei ôl.

"O'dd rhaid i fi aros, Heilyn!" gweiddais trwy'r dymestl. "Pigo'r darna i fyny ar dy ôl di... Ar eu cyfar nhw... ar ein cyfar ni i gyd!"

Sefyll ar ochr arall y glwyd oedd o erbyn hyn, ei lygaid yn dywyll a'r gwynt yn chwipio cudynnau ei wallt bob sut.

"Ti'n meddwl 'mod i isio gada'l?" meddai gan bwyntio i gyfeiriad y lôn. "Do'dd Dad prin yn edrach arna i ar ôl be ddigwyddodd, nag o'dd a chdi fysa'n ca'l y jobsys go iawn bob tro! Mam wedyn yn beio ei hun bob gafa'l, ar fin crio bob tro fyswn i'n cerad i mewn... Wel, ma' gen i 'mywyd fy hun i'w fyw!"

Stormio trwy'r giât ac i fyny'r cae i gyfeiriad ei hen gartra wnaeth fy mrawd druan wedyn; ei wyneb yn goch wenfflam a braich ei lawes chwith wag yn hongian yn llipa wrth ei ochr wrth iddo frasgamu yn ei flaen.

LLESTRI PRIDD

Edrychodd Siriol yn hir ar y bowlenaid o hufen ar y bwrdd gan ystyried a oedd hi wedi chwipio digon arno. Byddai'n gymysgedd blasus beth bynnag, gobeithio…

Yna clywodd y curo ar ddrws y fflat. Curo pendant – cyflym a diamynedd.

Rhewodd Siriol o flaen y drws gan deimlo ei hysgwyddau'n tynhau. Agorodd y bwlyn ond cyn iddi gael cyfle i estyn ei chroeso i'r teulu, rhuthrodd y ddau fach i mewn gan lenwi'r lle â'u symud a'u sŵn.

"Aaaaaaaah Siriooooool!" gwichiodd y fam gan godi ei dwylo i'w cheg. "Yli arna chdi! O, ti'n newid dim nag w't!"

Daliodd Siriol ei gwynt wrth i bersawr Megan ei hamgylchynu – rhyw sawr cryf, gormodol. Roedd ei bag lledr, drud yr olwg, yn taro yn erbyn ei chluniau wrth iddi gydio amdani.

"O, helô, Megan… Be am i chi i gyd…? Dean – croeso…"

Prin yr edrychodd y gŵr i fyny arni o sgrin ei ffôn wrth iddo gerdded heibio iddi, fel petai wedi bod yn y fflat fil gwaith o'r blaen. Roedd yr hogyn wrthi'n rhoi sgwd chwilfrydig i'w rac esgidiau. Edrychodd Siriol i gyfeiriad y stiwdio. Diolch byth, roedd y drws ynghau.

Ysu i gael ymlacio wedi *'stress'* y daith roedd Megan, ar ôl cael y trafferth fwyaf i ddod o hyd i le addas i wefru'r car.

Tywysodd Siriol y pedwar i'w chegin agored ddirodres.

"Dewch drwodd," meddai Siriol gyda llond ei hafflau o gotiau'n diferu'n wlyb dros ei braich. Cymell y pedwar i eistedd fyddai'r dasg gyntaf, mae'n siŵr.

Roedd yna ryw olwg wahanol i'w hen ffrind ysgol, rywsut. Doedd dim prinder paent ar ei hwyneb, fel ar ddydd ei phriodas, ac roedd ei dannedd yn wyn fel porslen, ond rhywbeth arall oedd i'w gyfri... Yn ei gwallt, roedd arlliw hydrefol, cynnil, yn plethu fel dawns o ddail. Mor wahanol oedd ei thoriad ffasiynol o'i gymharu â'i bòb syml hi.

"Gymerwch chi goffi?" cynigiodd Siriol, gan ailgynhesu'r tegell.

"O, dwi 'di cael tri bora 'ma'n barod, 'sdi!" chwarddodd Megan. "Te fysa'n neis. Rwbath *decaf* ella... *Rooibos* fysa'r boi."

Doedd gan Siriol ddim *rooibos*. Wrth gwrs nad oedd ganddi *rooibos*.

"Digon o de arferol yma..." mentrodd ei hateb. "...neu ma 'na *chamomile* rwla, a the mint dwi'n meddwl."

"Te normal i ni, ta. 'Dan ni'm yn ffysi. Sgen ti'm llefrith almwnd, na, digwydd bod?" ategodd Megan gan lygadu un o'i mygiau pridd fel petai hi mewn ffair sborion. "Dw i methu cymryd *dairy* ar fy mywyd 'li. Na ..? O wel, hitia befo."

Edrychodd Siriol draw at ei phwdin hufennog gan ddamnio ei hun am ei blerwch. Wrth iddi baratoi'r te, daliodd ei hun am ennyd yn rhythu ar dalcen ei hen ffrind ysgol oedd yn hollol lyfn. Tybed oedd Megan yn buddsoddi mewn pigiadau cyson mewn ymgais i gadw'r rhychau draw? Roedd hi'n edrych mor ifanc... Dyna oedd pres yn ei wneud i ddyn, meddyliodd Siriol, gan edrych i lawr ar ei ffrog býg, ail law.

Dadebrodd o'i myfyrdod gan synau'r hogyn, oedd wrthi'n taro dau o'i mygiau yn erbyn y bwrdd coffi.

"Gofal!" ebychodd Siriol heb feddwl i gyfeiriad yr hogyn, gan dynnu'r mygiau o afael ei grafangau bach chwyslyd.

"O, ma gin Theo ni rêl diddordab ym mhob dim, does? Ti'n gwbo fel ma hogia bach!"

"Bregus ydyn nhw," ategodd Siriol, gan bwyso ei dwylo yn erbyn cownter y gegin.

"Reit!" cyhoeddodd Megan mewn llais uchel. "'Steddwch rŵan ta, blant. Ma Anti Siriol wedi mynd i lot o drafferth, dwi'n meddwl."

Synnai Siriol at ei theitl agos atoch. Pryd gafodd hi ei galw'n Anti o'r blaen? Digon tenau oedd sgwrs Dean. Dim ond ambell ebwch yma ac acw wrth i Megan geisio'i gael i ymuno â'r mân siarad.

"Mae o'n dysgu, dw't Dean?" meddai'n obeithiol gan wneud llygaid mawr arno.

Wrthi'n brysur yn taro ei chwaer â thegan siâp bwyell oedd yr hogyn. Edrychodd Siriol ar y talcen uchel a'r gwefusau llawnion, blysiog, fel mefusen aeddfed. Peth fach dawel, digon annwyl i weld oedd ei chwaer.

"O stop, Theo bach!" meddai ei fam gan chwerthin. "Rho lonydd i dy chwaer, bechod arni!"

Trodd Megan at Siriol â golwg ymddiheuriol yn ei llygaid.

"Lefela siwgwr 'di hyn. O'dd Mami braidd yn rhy ffeind efo'r da-da's yn y car, dwi'n meddwl!"

Aeth Siriol ati i dywallt y te. Dim ond dŵr neu lefrith

oedd ganddi i'w gynnig i'r plant. Dylai hi fod wedi meddwl prynu rhyw sudd neu *squash,* ond roedd hi'n rhy hwyr i boeni am fanylion felly rŵan.

Gostegodd y cythrwfl rhwng y plant rhyw gymaint wrth i'r hogyn gydymffurfio a lledorwedd ar erchwyn y soffa. Dim ond gobeithio na fyddai'n rhwbio ei fysedd seimllyd ar ei chlustogau newydd.

Yna, dechreuodd Megan oleuo Siriol am hanes bywydau difyr yr hen griw ysgol, gan fanylu ar eu swyddi bras, a'u teithiau egsotig. Yna, aeth i sôn am amserlenni llawn eu plant, yr union fath o bethau a nodweddai fywydau pobl yng nghanol eu tridegau fel nhw... Byddai mam Siriol wedi sawru pob manylyn, mwy na thebyg, ond teimlo rhyw syrffed yn pwyso arni wnaeth hi, wrth iddi nodio'n ddof.

Chafodd ei phwdin hufennog mo'r ymateb yr oedd hi wedi ei obeithio amdano, rhwng alergedd llaeth Megan ac agwedd ddiddiolch y plant.

"Iyc!" nadodd y bachgen â cheg gam, gan roi fflych i fisged *ginger snap* â'i llond o hufen trwchus ar lawr.

"Theo, 'dan ni ddim yn siarad fel'na, yn na'dan? O, dwi'n methu mynd â hwn i nunlla!"

Gwenodd y fam wên fach dynn gan ysgwyd ei phen mewn anghrediniaeth at hyfdra ei chyntaf-anedig. Codi ei mŵg i'w gwefusau roedd Siriol gan deimlo ei hun yn llonyddu rhyw gymaint wrth guddio y tu ôl iddo. Hwn oedd y mŵg cyntaf iddi ei greu. Un gwyrdd naturiol, gyda'i rimyn yn gylch golau. Cofiai'n glir y diléit a deimlodd, pan welodd ei chreadigaeth yn dod allan o'r odyn.

Gallai synhwyro'r hogyn yn sefyllian y tu ôl iddi.

"Mami, ble ma'r teli?"

Pwyntiai'r hogyn at y waliau'n swrth.

"Ma'n dawal neis 'ma, ti'm yn meddwl, Theo?" meddai ei fam mewn llais canu i fyny-ac-i-lawr.

"Theo isio mynd!"

Rowliodd Megan ei llygaid yn ddramatig a throi i gyfeiriad Siriol.

"*Gosh*, ma'r dre 'ma 'di mynd â'i phen iddi. Ti'm yn meddwl Siri? Mor drist…" pwysleisiodd Megan gyda golwg boenus. "Yr holl siopa 'na 'di bordio i fyny – methu coelio fod *Smiths* 'di mynd 'fyd! A ma nhw'n cwyno bod plant ddim yn darllan…"

"Ma' gynnon ni *Waterstones*," mentrodd Siriol.

"… a'r holl siopa ail law 'na'n bla hyd y lle! Fatha rhyw wlad yn y trydydd byd. Dyna ddudodd Dean pan 'aru ni gyrra'dd gynna. O'dd o'n methu coelio be o'dd o'n ni'n weld. Nag oeddat, Dean?"

Edrych yn ddyfal ar fanylion ei wats glyfar oedd o, fel tase'r atebion i gwestiynau mawr bywyd i'w canfod yn ei chrombil.

"Ma' Dean ar ei wats rownd y rîl wrth ymarfar, yn dw't, Dean?" Gwaeddai'r Gymraeg yn glir i'w gyfeiriad rŵan mewn ymgais i'w addysgu. "Ond mae o wir mor bwysig, symud ein cyrff ni. Esiampl i'r plant, ti'n gwbo? Mond un cyfla 'da ni'n 'i ga'l yn yr hen fyd 'ma, 'de? Be amdana chdi? Siŵr bo chdi'n ista lawr dipyn yn y swyddfa 'na, w't. Bwysig bo chdi'n symud y coesa 'na weithia, cofia. Gwranda di ar Anti Megs rŵan, iawn!"

Daeth atgof yn ôl i Siriol o Megan a hithau'n bwyta eu bariau *Kitkats* wrth iddyn nhw gerdded yn ara' deg bach o amgylch trac rhedeg yr ysgol…

"O'dd hi'n lyfli gweld bo Gwesty'r Ffin 'di agor o'r diwadd 'fyd. Fan'na 'dan ni'n aros, de trŵps?" amneidiodd ar ei theulu cyn mynd yn ei blaen. "Yn lle bo ni'n glanio ar Taid a Nain – pawb angan bach o *space* tydi! Ma'r sba yn edrach mor neis ar y wefan."

Helpodd Siriol ei hun i fwy o bwdin.

"Felly, Siriol, ti'n mynd i'n dangos ni rownd y fflat 'ma, ta be?"

"O, 's'na'm llawer i'w weld, wir…" meddai wrth lyncu llwyaid o hufen.

"Hei Siri, ddylia chdi ddim chwara lle newydd chdi i lawr, reit. Ma'n bwysig dathlu'r petha 'ma, sdi. A mae o wir mor braf gweld chdi 'di ca'l lle dy hun, o'r diwadd!"

Yna, trodd Megan ar ei hunion gan arwain y ffordd yn dalog tua'r stiwdio.

"Plis!" Swniai llais Siriol yn wichlyd braidd yn ei phenglog, fel crochlefain merch fach ar goll, wrth iddi roi ei phowlen i lawr. "Fysa well i'r plant beidio mynd fan'na – jest rhag ofn…"

Ond doedd waeth iddi ddim, gyda Megan eisoes ar y blaen ac ar fin agor y drws. Am ennyd, roedd Siriol yn ei hôl, ar iard yr ysgol, yn camu'n betrus yng nghysgod ei ffrind.

"O, yli lle bach del sy gen ti fa'ma!" ebychodd Megan wrth gamu i'w chell. Yng ngheg y drws ar eu ffordd i mewn, gallai Siriol daeru i Dean rhoi pinsiad bach pendant ar ben-ôl ei wraig.

"*Mor* syml," ategodd Megan. "A dim 'nialwch gynna chdi o gwbl, na? Dwi'n cofio, o't ti wastad yn licio trefn yn do'ddat? Siri, ddylia chdi ddod i'n tŷ ni tro nesa. Fysa chdi'm yn gweld y llawr yn fan'na – diolch i'r ddau fwnci yma 'de!"

Codi un o'i mygiau oedd Megan rŵan. "O, ma' hwn yn ciwt," meddai, fel petai hi'n canmol sgribyls plentyn.

"Handi 'di stafall fach fel'ma, de?" oedd ei sylw wedyn gan edrych yn werthfawrogol o'i chwmpas. "Lojar ti angan, sdi – bach o gwmni i chdi – ynte Dean?"

Rhythu ar silff lyfrau yn y coridor cul roedd ei gŵr rŵan, fel tase fo erioed wedi gweld llyfr yn ei fywyd.

"Dean!" Siaradai yn bwyllog araf yn awr i'w gyfeiriad. "Mae hi angen rhywun i fyw yma gyda hi, yn tydi…? Wyt ti'n cytuno, Dean?"

Nodiodd yntau yn swta, wrth gydsynio â'i damcaniaeth. Roedd o'n ddyn digon smart, er bod edrych ar y diffyg mynegiant ar ei wyneb fel cerdded i mewn i westy braf, a sylweddoli bod yr ystafelloedd i gyd yn wag.

"Stiwdio ydi hi," esboniodd Siriol gan ddifaru'n syth. Roedd y plant wedi eu dilyn, wrth gwrs, a'r hogyn yn agosáu at ei llestri bregus.

"I be tisio 'stiwdio'?" holodd Megan.

"I ga'l lle." ychwanegodd Siriol. "I greu petha." Amneidiodd fymryn yn ansicr at y rhes o lestri ar y bwrdd. "Crochenwaith…"

"O… Ond o'n i'n meddwl mai *secretary* w't ti, ia ddim?"

Rhoddodd stumog Siriol dro…

"Neis i chdi ddo!" ategodd Megan yn frysiog. "O't ti wastad yn joio Celf, yn do'ddat ti? Mor greadigol, chwara' teg. Cofio chdi yno rownd y rîl adag TGAU chdi. Fysa chdi'n mynd 'na amsar cinio a bob dim bysat?!"

Teimlodd Siriol ei hwyneb yn cynhesu.

"Ti na'th 'neud rhein 'lly…?"

Pwyntiai Megan at y llestri, ei thalcen wedi crychu'n farc cwestiwn fel petai hi mewn penbleth braidd.

"Wel, ma hynna'n grêt. Mor dda i'r iechyd meddwl. Dylia chdi eu gwerthu nhw. W, ma' c'nithar Mari – ti'n cofio Mari Daniel yn 'rysgol – wel, ma'i ch'nithar hi rŵan yn neud mor dda hefo'r ornaments defaid bach ciwt 'ma. Merchad Cymreig hefyd. Gwerthu bob man! Faint 'sa chdi'n godi? Fysa fo'n bres pocad bach del i chdi."

Nodiodd Siriol. Wrthi'n prysur grafu ei gar bach glas ar hyd wyneb y llawr oedd y mab, yn beryglus o agos at goes y bwrdd uchel a ddaliai ei phot blodau. Y darn cymhleth a gymerodd wythnosau bwy gilydd iddi ei greu…

"Ai roced 'di hwnna, Mami?" amneidiodd yr hogyn at ei gwaith.

Chwarddodd Megan.

"O, naci, pwt – prosiect bach ffrind Mami 'di hwnna! Ydi Theo yn licio fo?"

Agosaodd Theo ato i graffu cyn mynegi barn. Estynnodd ei law a llamodd Siriol tuag ato.

"Na!" harthiodd. "Paid cyffwr yn hwnna, ocê?"

Edrychai Theo yn syn ar ffrind ei fam yn codi ei llais fel hyn.

"Hei!" meddai Megan. "*Cool head*, Siri! Dangos diddordeb oedd o. Watshwch chi botia Anti Siriol rŵan, iawn blant? Hi sy 'di g'neud nhw hefo'i bysedd ei hun, cofiwch!"

"Ond ma' nhw yn frown ac yn hyll, a… *boring*!"

Ysai Siriol am gael sgrechian erbyn hyn, ond roedd ei cheg yn sych grimp a'i thafod yn teimlo'n drwm, fel clai yn ei cheg.

"Ella 'sa well i ni...?" Amneidiodd Siriol at geg y drws gan geisio cymell y teulu bach trwyddo.

"Y llestri... Ma nhw'n reit fregus... Well i ni fynd o'ma rŵan."

Am ennyd fer, edrychodd Megan mewn anghrediniaeth ar bendantrwydd annodweddiadol ei hen ffrind ysgol.

"O, siŵr iawn, blodyn. Reit, neb i fynd nôl i stiwdio Anti Siriol rŵan, iawn blantos?"

* * *

Erbyn hyn, roedd pen Siriol yn drybowndian a'i brest yn dynn, felly gwnaeth ei hesgusodion gan encilio i'r ystafell 'molchi. Estynnodd am bilsen a gadael i ddŵr oer y sinc lifo dros ei harddyrnau. Wrth edrych ar ei hadlewyrchiad yn y drych, gwaredodd wrth weld defnyn o hufen ar ei gên...

Pan ddychwelodd i'r gegin, roedd Megan wrthi'n helpu ei hun i fwy o de wrth edrych yn llawn diddordeb ar rywbeth ar ei ffôn.

"Yli ar hwn, Siri!" Amneidiodd arni i ddod draw ati. Ar y sgrin, roedd llun o'r brawd a'r chwaer mewn cae llawn blodau. Llifai'r haul yn aur ar wallt yr hogyn uwchben ei wyneb ceriwbaidd.

"Un o'r stops ar *cruise* cynta'r plant o'dd hwnnw, bechod! Corfu dwi'n meddwl... Amsar jest yn hedfan! Yli ciwt 'di Theo yn rhoi'r blodyn 'na i'w chwaer fach. Bechod! O, ma 'nghalon i jest â byrstio pan dwi'n sbio ar hwn! Ma'n gallu bod mor annw'l hefo hi, 'ngwas i!"

Yn llercian wrth fraich y soffa, roedd yr hogyn wrthi'n ddiwyd yn tynnu'r wadin allan o glustog.

"Stopia, Theo..." lled-awgrymodd ei fam yn lluddedig gan barhau i sganio ei ffôn, heb dynnu ei llygaid oddi arni.

"Misio!"

"Dos di i chwara rŵan, 'na hogyn da. Tisio ffôn Mami am 'chydig bach?"

Rhoddodd yr hogyn y glustog i'w chadw, yna cipiodd y ddyfais o law ei fam cyn cilio'n ôl i'w gongl.

Closio yn anghyffyrddus o agos at Siriol ar y soffa roedd Megan rŵan.

"Siri, deud 'tha'i, oes 'na rywun bach lwcus gin ti'n cuddio rŵan ta...? C'laen, deud wrth Anti Megan. Ti'm angan bod yn swil hefo fi!"

Gwenodd wên enillgar. Edrych i grombil ei phwdin roedd Siriol, gan geisio prosesu trywydd newydd y sgwrs.

"Felly, w't ti ta, Siri...? Dal yn sengl?

Teimlodd Siriol ei bochau'n poethi wrth i Megan ei llygadu, yn awchus am ateb.

"Deud 'tha i. Sut w't ti del? Go iawn rŵan? Ti'n gallu deud 'tha fi." Newidiodd cywair llais Megan i fod yn fwy difrifol. "Ti 'di bod drw gymint..."

Roedd holl sylw ei hen ffrind ysgol wedi ei hoelio arni hi erbyn hyn. Edrychodd arni, reit i fyw cannwyll ei llygaid fel y byddai o, ers talwm, yn arfer ei wneud, cyn i bethau ddod i ben mor ffwr-bwt rhyngddyn nhw.

"O'n i a'r genod yn methu coelio pan 'aru ni glywad am Felix a chdi 'sdi. Ti'm yn meindio fi'n gofyn, na...? O'dd o jest mooooor neis, bo ti 'di ffendio rhywun o'r diwadd, a wedyn... *Poof*! Jest fel'na! Mond wthos cyn y brodas o'dd hi hefyd 'de? Ffasiwn wynab! Wel, ei gollad o 'de, os ti'n gofyn i fi."

Mwythodd Siriol glust ei chwpan gan sylwi ar yr olwg o gonsýrn dwys ar wyneb ei hymwelydd. Tynnodd odrau ei siwmper yn reddfol dros ei harddyrnau. Teimlai ryw gynneddf yn cydio ynddi yn sydyn, i agor drws y fflat led y pen a'i hebrwng hi a'i theulu bach trwyddo i'r glaw. Anadlodd yn araf deg bach trwy ei thrwyn, fel y dysgodd hi ar y cwrs – i mewn am bedwar ac allan am wyth – wrth syllu i gynnwys ei phaned lugoer.

"Mami…?" meddai'r hogyn, eto fyth. "Lle ma bici fi, Mami?"

"Dwi'n cymryd ro'dd o'n handi i chdi fedru byw efo dy rieni ar ôl hynna i gyd, o'dd…? Ond yli, chdi ar dy draed dy hun rŵan! Lle bach mor lyfli gin ti 'fyd."

"Mami!"

"Sh – Mami'n trio siarad hefo'i hen ffrind ysgol…"

"Theo isio bici – rŵan!"

Tyrchodd Megan yn ddiamynedd yn ei bag llaw gan estyn dau far siocled o'i waelodion.

"Hwda! Jest un, ocê – ac un i dy chwaer… Golchi dwylo'n neis wedyn i Mami."

Rhwygodd yr hogyn y papurach rywsut, rywsut a'u taflu wrth draed ei fam, cyn stwffio'r melys beth i'w geg fach goch. Rhythodd ei fam ar y papur lapio am ennyd.

"Af i â fo…" cynigiodd Siriol gan gymryd y darnau plastig a'u rhoi yn y bin o dan y sinc.

"O, Siri!" ebychodd Megan. "Paid deud 'tha fi bo chdi ddim yn ailgylchu plastics meddal chi? Ma'r byd 'ma'n toddi! Dyna 'dan ni'n neud ers blynydda, 'de blant? Angan edrach ar ôl y blanad i'r rhai bach 'ma. Job Theo 'di hwn yn tŷ ni, a 'mond chwech w't ti, 'de tshwcs? Theo – pa liw ydi bocs mawr *Co-op*... Theodore, pa liw? Y bocs petha plastig?"

"Theo isio pw pw."

Chwarddodd Megan chwerthiniad bach anwastad.

"Theo! Dim siarad fel'na, plis. Pa liw oedd o? Y bocs...?"

"Dwi'm yn gwbo. Isio pw pw."

Ochneidiodd Megan ochenaid hir wrth gau ei llygaid.

"A fi dod hefyd!" Ymunodd ei chwaer â chenadwri ei brawd mawr, gan dynnu'n benderfynol ar ffrog ei mam. Roedd Siriol yn barod i weld yr un fach yma'n ei throi hi hefyd, erbyn hyn.

Edrychodd Megan draw yn obeithiol i gyfeiriad y tad, yna cododd yntau'n araf deg bach o'i sedd a dilyn y plant i lawr y coridor.

"O, mae o mor dda hefo nhw, 'sdi! Cariad i gyd," amneidiodd Megan ar ei ôl. "Dim byd yn ormod iddo fo. O'dd o'n newid napis y ddau a bob dim. 'Mynadd sant gynno fo efo ni, oes wir!"

Cododd Siriol a rhoi ei chwpan ger y sinc. Syllodd ar ddiferion o law yn disgyn ar y sil ffenest y tu allan. Wrth lanio, bownsiai'r dŵr yn ôl i fyny'n syth gan ffurfio siapiau coronau bach.

"Lwcus i fi fod o'n dad mor dda," aeth yn ei blaen. "Dwi jest mor, mor lwcus."

Disgynnodd tawelwch yn drwch rhwng y ddwy wedyn, wrth i Siriol fynd ati i roi gweddill y llestri i'w golchi. Ystyriodd wrth iddi wylio diferion y glaw ar y gwydr, mor glyd fyddai'r stiwdio yn y tywydd yma.

"O'dd hi'n lladdfa go iawn 'sdi" datgelodd Megan yn sydyn mewn llais isel. "Cario'r ddau 'ma. Theo yn enwedig.

Ddylia chdi 'di gweld wynab Dean pan welson ni pa mor fawr oedd o ar y sgans!" Agorodd ei llygaid yn fawr i bwysleisio. "Siriys... mae o jest yn dy lorio di 'sdi – bod yn fam. Ddylia fi 'di ca'l nhw'n gynt, ond ma'n rhy hwyr meddwl am hynny, rŵan!" Chwarddodd Megan.

Daliodd Siriol ati i olchi'r llestri'n dawel. Doedd dim ots ganddi nad oedd lle i beiriant golchi yn y fflat. Dim ond yn ofalus â llaw y medrai olchi ei llestri pridd er mwyn iddyn nhw allu goroesi.

"Honna 'di'r ardd 'dach chi'n ei rhannu 'ma, ia?" Safai Megan wrth ei hymyl rŵan gan bwyntio trwy'r ffenest ar y patshyn tir dirodres rhwng y fflatiau. "A fan'na ti'n ca'l sychu dy ddillad di...? Neis. Ffor i ddod i 'nabod y cymdogion a ballu, yn tydi? Bwysig ca'l bach o awyr iach weithia. Iechyd meddwl a ballu."

Roedd y dŵr sebonllyd, poeth, yma'n ei llonyddu. Canolbwyntiodd Siriol ar deimlo'r llestri'n llithro'n dawel ymysg ei gilydd rhwng ei bysedd.

"Reit ta Siri," cyhoeddodd Megan yn annisgwyl o uchel. "Ti'n goro dod i'r aduniad ysgol nesa, iawn? O, gafon ni ffasiwn laff y tro dwytha, sdi! Siriys. O'dd o'n hollol wallgo! Ddylsa chdi 'di gweld faint yfon ni. Hymdingar o gur yn pen am ddyddia wedyn!"

Yna, o unlle, datganodd Megan yn frwd "O, ma hi jest mor braf gweld hen ffrindia, tydi! Ma pob dim yn union yr un fath, er bo gymint o amser 'di mynd! Amsar *selfie* bach rŵan, dwi'n meddwl!"

Estynnodd ei ffôn o'i phoced, codi ei braich yn unionsyth ac anelu'r ffôn yn sicr am wynebau'r ddwy uwchben y sinc. Gyda'r fraich arall, cydiai yn dynn yn ysgwyddau Siriol.

Dychmygodd hithau'r llun o'r ddwy ar y ffrwd gyhoeddus o fewn yr awr – Megan drwsiadus a hithau'n edrych mor flinedig ac wedi ei hurtio bron â bod gan straen yr ymweliad. Yr holl ferched yna o'i gorffennol, wedyn – dieithriaid llwyr erbyn hyn – yn edrych arni, yn barod eu beirniadaeth wrth sgrolio...

"Na, Megan..." meddai Siriol.

"Sori?"

Cododd Siriol ei llais rhyw fymryn.

"Dim diolch... Fysa well gen i beidio." Llithrodd fel sigarét allan o baced o afael ei hen ffrind. "Os ti'm yn meindio."

Dychmygodd sgwrs Megan gyda'r genod y tro nesa a thros wydrau o win. Fyddai hi'n ei phitïo hi a'i fflat, tybed? Y man bach dinod oedd yn hen ddigon da iddi hi. Fyddai hi'n rhannu efo nhw, tybed, nad oedd hi'n syndod yn y byd bod Siriol Haf yn dal i fod yn sengl a hithau mor glwm i'w ffyrdd?

Daeth y tawelwch yn ei ôl yn drwch dros y ddwy. Sut oedd y ffordd orau o gael pobl i adael eich aelwyd, tybed? Roedd hi'n tynnu at amser cinio erbyn hyn a doedd ganddi ddim modd, na bwriad, i fwydo'r teulu. Aeth Siriol ati i gadw'r llestri a rhoddodd blât ar y pwdin i'w roi yn yr oergell.

Yna, clywodd y synau...

Bloedd plentyn wrth i grochenwaith chwalu'n ddarnau ar hyd y llawr.

I'R DWFN

All You Want For Christmas. Right Here!

Dyna honiad y poster enfawr sy'n wynebu Nesta Prys wrth iddi gerdded o'r bws tuag at fynedfa'r gwesty newydd. Arno mae dyn cydnerth yn codi hogan denau fel styllen reit i'r awyr, fel petai'n ddoli glwt. Gwena'r ddau â'u dannedd gwyn wrth iddyn nhw ddathlu'r Ŵyl llawn hwyl ym mreichiau ei gilydd, yn eu dillad tynnach na thyn. Hen lol.

Edrycha Nesta'n feirniadol ar grandrwydd y lle trwy wydrau ei sbectols – pâr cyfleus sy'n tywyllu'n raddol, gan ddibynnu ar oleuni'r haul. Wedi ei dorri yn gwta mae ei gwallt gwinau, a heddiw, gall deimlo'r oerfel yn gafael, gan ei bod wedi cael toriad byrrach na'r arfer. Dylsai fod wedi gwisgo het.

Gwisga ei hoff gôt glyd biws-frown, o wlân alpaca, ac am ei thraed mae pâr ymarferol sy'n gyfuniad o drenyrs, esgidiau dringo a sandalau. Ar hyd eu hochrau, mae tyllau pwrpasol i awyru'r traed, a phetai rhywun yn edrych yn agosach, byddai modd gweld craciau'r sodlau fel tir anialdir sych. Gwisgo sanau ddylsai wneud, meddylia, ond mae'r cyrn sydd ar ei gwadnau mor gythgam o boenus. Wrth gerdded i fyny'r grisiau, mae'r traed hyn yn pwyntio rhyw gymaint am allan, yn glownaidd braidd, wrth i'w chorff bendilio o ochr i ochr, i rythm ei cherddediad trymaidd.

Rhyw sefyllian yn y cyntedd mae hi rŵan, heb wybod lle yn y byd mae'r pwll honedig. Rhyw fersiwn hyrdi gyrdi rhyfedd o 'Clywch Lu'r Nef' sy'n chwarae. Un o ffefrynnau Glyn. O'i blaen, mae tanc pysgod amryliw sy'n ymestyn reit at frig y to. Pwy feddylia fod y ffasiwn le'n bodoli mewn tref fach fel hon? O'i flaen, saif clamp o goeden Nadolig a'i llond hi o oleuadau bach chwaethus. Cofia Nesta'r diléit ar wyneb ei mab pan fyddai ei dad yn estyn y bocs addurniadau o'r atig. Y fath hwyl fyddai'r tri yn ei gael wrth hongian yr holl bethau bach annwyl yna y byddai Gethin wedi eu creu.

Bysedda ei modrwyau'n reddfol gan ystyried prysurdeb ei diwrnod hyd yma. Yn tydi hi'n chwys trabŵd yn barod ar ôl ychwaneg o ddadbacio? Er bod misoedd wedi pasio ers iddi gyrraedd y gilfach yma o'r wlad, mae'n cymryd amser i ddynes o'i hoed hi gynhesu aelwyd newydd.

Geriach y gegin aeth â'i hegnïon yn y fflat bach heddiw, a hynny am oriau o rygnu arni ers iddi ddeffro. Yr holl grochenwaith a llestri te bregus yna o'r gorffennol sydd wedi mynd i hel llwch yn eu bocsys, a hithau ddim yn rhy siŵr beth i'w wneud hefo nhw erbyn hyn.

Roedd Gethin wedi bwriadu dod i roi help llaw iddi toc wedi brecwast, ond roedd o wedi cael ei ddal. 'Mei Ledi' oedd wedi ei dynnu i *Mothercare* i chwilota am sedd car newydd i'r un bach, er bod misoedd eto cyn y daw o i'r byd. Teulu dau gar ydyn nhw, ond mae Sarah yn hoff o gael ei gyrru fel brenhines rownd y lle.

Anrheg Nadolig cynamserol (os nad braidd yn siomedig) ydi'r gwersi nofio. Pump ohonyn nhw i gyd! O leiaf mae ei hunig fab wedi dangos ychydig o wreiddioldeb eleni, yn hytrach na'r hamper arferol. Debyg iawn bod yr holl beth wedi costio digon. Chwarae teg i'r hogyn.

Yn fuan bydd angen iddi wneud ei siopa Nadolig ei hun, wrth gwrs. Bwrdd gwyddbwyll safonol roedd hi wedi bwriadu ei gael i'w hŵyr, ond pres mae Cadog yn dymuno ei gael gan ei Nain eleni, yn ôl ei fam. Pres ydi pob dim... Digon posib bod ei merch yng nghyfraith wedi altro rhyw gymaint yn ddiweddar hefyd, er nad oedd hi'n gymeriad hawdd o bell ffordd. On'd oedd hi'n dal i rygnu 'mlaen am ei hiraeth am Lundain a'i sglein, fel petai hi'n trio darbwyllo Gethin i ailsefydlu ei hun yno, er bod ei bractis yn mynd o nerth i nerth? Mae angen gras!

Bydd yn cael ambell neges gryno gan Sarah o bryd i'w gilydd ar ei ffôn bach, ond anaml y bydd hi'n ei gwadd hi draw am bryd o fwyd, er y gallen nhw'n hawdd estyn croeso i'r stryd i gyd yn eu hogof o gegin newydd. Yn tydi'r lle'n ddigon mawr i gynnal eisteddfod bentre?

Mae hyn yn atgoffa Nesta iddi gael addewid o ginio Nadolig eleni o leiaf, yn wahanol i'r llynedd a hithau â Glyn yn ei gofal. Biti bod yr holl goed wedi eu gwaredu hefyd – fydd yna fawr o olygfa o'r cefn. Mae'n debyg y bydd llystad Sarah yn bresennol hefyd. Tybed sut bydd ei Gymraeg o erbyn hyn? Sgwrsio'n Gymraeg fydd Nesta gyda Pete yn ddi-ffael – mae'n deall yn iawn. Mymryn mwy o hyder sydd ei angen ar y dyn, dyna i gyd.

Wrth loetran ger caffi *Starbucks* sydd ar ystlys y cyntedd, gall Nesta sawru'r toesion sy'n tynnu dŵr o ddannedd. Mae hi ar ei chythlwng, fwyaf sydyn. Cymaint brafiach fyddai orig fach fan hyn gyda'i gwau a diod llaethog i'w chynhesu, yn hytrach na gorfod dioddef oerni'r pwll nofio! Yn ei bag llaw, mae'r gwlân melyn meddal yna brynodd hi ar gyfer un o'i hetiau i'r un bach. Efallai yr eith hi i'r caffi gyda'i gweill yn nes ymlaen i wobrwyo ei hun gyda siocled poeth ac *éclair*. Dychmyga'r trwch o siocled melys ar ei ben a'r hufen amheuthun yn y canol.

Wrth ymyl y drws drafftiog, mae cwpl smart yn ffraeo'n isel dros eu paneidiau. Dim ond un fraich sydd gan y dyn, sylwa Nesta. Druan â fo. Yn tydi pobl yn mynd trwy bethau mawr mewn bywyd? Wrth eu hymyl, mae dynes yn rhawio bwyd llwy yn ddiamynedd i geg ei babi, ac yntau wedi cael ei sodro mewn cadair uchel o flaen sgrin fach las. Mae'n hollol amlwg i Nesta fod yr hogyn druan ar binnau eisiau sgwrsio hefo'i nain sy'n eistedd yn amyneddgar wrth ei ymyl.

Ar y bwrdd uchel ynghanol y caffi, wedyn, eistedda dau ddyn. Mae un digon penisel yr olwg wedi ei wisgo fel clown (rhyfedd o fyd). Rhyw ddyngarîs plentynnaidd, rhy liwgar, sydd amdano, sylwa ac ar arffed ei goesau bach byr, gorffwysa wig lachar gyrliog. Mae'r llall yn ddyn soled mewn siwt, o gwmpas ei bethau â gliniadur o'i flaen. Mae hwn yn ei hatgoffa rhywsut o'i Gethin hi – yr un math o osgo hunanfeddiannol wrth iddo deipio'n fwriadus. Tap, tap, tap, tap. Fflic-fflician ar sgrin ei ffôn mae o rŵan. Estyniad o ddwylo pobl ydi'r ffonau gwirion yma, ystyria Nesta, cyn taro golwg sydyn ar ei ffôn bach ei hun.

O'r diwedd, sylwa ar arwydd y gampfa a'r sba. Y funud nesaf, wrth iddi ei throi hi i gyfeiriad y grisiau, llama merch ifanc o'i blaen. Ar ei phen, mae mop o wallt gwyrddlas mwyaf rhyfedd… Gwisga ryw hances boced o dop a rhyw garpiau'n drywsus, ond ew! mae hi'n dlws hefyd. Pwyntio ei ffôn tuag at Nesta mae hi nawr gan ofyn iddi, yn y Saesneg, i sôn am ei steil.

Synna Nesta'n dawel fach at ei diddordeb, a hithau wedi hen arfer cael ei hanwybyddu gan y genhedlaeth ifanc. Cyfeirio mae'r hogan at ei siaced wlân gyfforddus, mae'n siŵr. Mae hi'n ddigon cyfeillgar, felly dyma Nesta yn ateb yn chwim, gorau y medra hi.

"Diolch yn fawr!" Galwa'r beth fach ar ei hôl, cyn edrych ar ei fideo, dechrau ffidlan gyda'i sgrin a phrancio yn ei blaen at ei tharged nesaf.

"Croeso tad!" ateba Nesta. O leiaf mi gafodd hi ddiolch am ei thrafferth, yn do, a hynny yn y Gymraeg hefyd!

Wrth gerdded i lawr y grisiau, gosoda ei 'Bag y Dathlu' Merched y Wawr gyda'r hafflau nofio wrth ei thraed am ennyd i gael hoe. Does dim cangen ar gael yn ei byd newydd ac mae'r ffaith honno yn ei phryderu. Yn aml, bydd Nesta'n hiraethu am gwmni'r gwragedd… Ar y bws yn gynharach, eisteddai dwy mewn hetiau cyfatebol, yn glòs wrth ei gilydd o'i blaen, yn rhoi'r byd yn gadarn yn ei le. Doedd neb yn adnabod ei hwyneb yn y dref ddi-ddweud hon mewn gwrthgyferbyniad llwyr i'w phrofiad gynt yn ei phentref cysurlon yn y gogledd. Cymryd amser mae'r pethau yma wrth gwrs – dyna i gyd.

Pwysa ei thrwyn yn erbyn y ffenest er mwyn gweld y pwll yn well, gan ddal yn dynn yn y rheling o'i blaen. Wedi eu hel ar un ochr i'r pwll mae degau o wragedd yn bownsio i fyny ac i lawr i gyfeiliant rhyw seiniau bwm-bwm sydd i'w clywed trwy'r gwydr. Tybia Nesta, wrth eu gweld nhw'n fflapian eu breichiau bob sut, eu bod nhw'n ymdebygu i fflyd o ieir yn trio eu gorau glas i ddodwy wyau.

Yn haen ar hyd un o waliau'r pwll oddi tani, mae carped o eiddew a phlanhigion trofannol, fel rhyw jwngl, meddylia Nesta. Am ddewis od! Digon brawychus ydi syllu i ddyfnderoedd y pwll hefyd, er bod glas y dŵr yn trio ei orau i edrych yn wahoddgar yn haul isel y gaeaf. Ond, mae'r ffenestri eang yn estyn at y to, a dotia Nesta at y coed palmwydd sy'n eu fframio'n dwt.

Na, nid pwll nofio diddrwg-ddidda mo hwn. Yn sicr, tydi o'n ddim byd tebyg i un y cyngor ceiniog-a-dima yna, lle'r arferai fynd â Gethin i'w wersi ers talwm. Crycha Nesta ei thrwyn wrth gofio'r oglau clorin a sgrechiadau anwar y plant yn drybowndian ar hyd y waliau teilsiog. Straffîg y gawod wedyn a thywel ei mab yn llusgo'n wlyb ar hyd y llawr, wrth iddi drio'i gorau i gadw'r sebon o'i lygaid a'r blewiach a does wybod be arall, yn hel yn hyll dan draed.

Debyg iawn bod lle smart fel hwn yn denu pobl dros Glawdd Offa hefyd, ystyria. Gall ddychmygu cyplau dros y ffin yn encilio yma am benwythnosau cerdded yng nghoflaid y mynyddoedd, gan lacio eu cyhyrau yn y sba gyda'r hwyr.

I le tebyg i hwn yr aeth Sarah a'r ieir clwclyd, pan gafon nhw'r sesiwn pampro yna cyn y diwrnod mawr. Jolihoetian gyda rhyw famau eraill mae hi'n aml, yn hytrach na bod ar yr aelwyd yn gwmni i'r hogiau. Dyna'r arfer y dyddiau yma, mae Nesta wedi sylwi; gwŷr a gwragedd yn gwneud pethau yn eu ffyrdd eu hunain, yn crwydro'r byd ac yn swmera ar wahân.

Doedd Nesta ddim wedi cael gwadd i'r dathliad, er bod dwy o fodrybedd Sarah yn bresennol. Byddai wedi bod yn neis cael cynnig, o leiaf – cael cyfle bach i ddod i adnabod ei darpar ferch yng nghyfraith. Cofia'r lluniau'n dda: Sarah a'i gwallt golau hir a'i lliw haul ffug, o dan ei gŵn nos morwynol o wyn a'r harîm yna o ferched euraidd – pob un yn codi eu gwydrau main i lens y camera, gan wenu mewn undod.

Beth bynnag, doedd gan Nesta fawr o gynnig i dyliniadau a doedd hi'n malio'r un botwm corn am beintio ewinedd plentynnaidd. Er hynny, yn fuan ar ôl y symud, yn yr haf, aeth am sgowt i *Pebbles* dros y lôn ar gyfer ei thyliniad cyntaf erioed, dan argymhelliad Sarah, jest i weld beth oedd y ffws. Hogan fach ddigon gwantan, gyda dwylo meddal fel plentyn, fu wrthi uwch ei phen. Hen diclo gwirion gafodd hi – on'd oedd angen mymryn o fôn braich?

Ewinedd pinc di-chwaeth oedd gan yr ieir i gyd, a phinc cyfatebol oedd y blodau a dillad pawb yn y briodas hefyd. Sarah oedd wedi mynnu hyn, er mwyn "sicrhau ymdeimlad o undod". Arwydd gwael oedd yr elfen reolaethol honno. On'd oedd Glyn a hithau wedi gweld yr arwyddion bryd hynny? Wedi llwyr fwriadu gwisgo ei het felen dlos arferol i'r achlysur roedd Nesta, ond gorfu iddi wario ar un arall, gan deimlo fel blomonj di-lun ar ddiwrnod mawr ei mab!

Gethin a Sarah oedd wedi talu am y briodas – pob dima goch ohoni. Dyna oedd y ffasiwn y dyddiau yma. Gan bod eu mab yn gwneud mor dda yn ei waith, i beth yr âi hi a Glyn i ddadlau?

Rhyfedd ei bod hi i lawr yma yn eu milltir sgwâr nhw rŵan hefyd. Heb os, bydd yn help o'r mwyaf ei chael hi o gwmpas i fod yn gefn, pan ddaw'r babi a bywydau'r teulu mor brysur. Gethin oedd wedi ei hannog i werthu'r hen aelwyd ac ailwreiddio wrth eu hymyl. Pwy a ŵyr beth feddyliai Sarah am y symud, ond roedd angen Nain wrth law ar y plantos, roedd hynny'n glir fel grisial.

Hymian canu rhyw gân yr arferai ei chanu i'w disgyblion yn ei gwersi cerdd ers talwm mae hi'n nawr:

Trafaeliais y byd ei led a'i hyd
pan oeddwn yn ieuanc a ffôl.
O, bydd glaswellt ar fy llwybrau i gyd
cyn delwyf i Gymru'n ôl.

Tydi Nesta ddim wedi gweld rhyw lawer o'r byd ac eithrio ambell drip i Iwerddon a Llydaw yn y garafán. Ddim fel Gethin a'r teulu a'u galifantio. Fe gafodd Glyn a hithau eu mordaith hefyd, yn do – ar ôl ei strôc fechan gyntaf oedd hynny a'i leferydd yn dechrau pallu; eu gwyliau olaf, er na wydden nhw hynny ar y pryd... Byddai wrth ei bodd i fod yn ôl ar ddec heulog y llong honno yng nghwmni ei gŵr heddiw. Un dydd ar y tro oedd hi.

Yn y bôn, dynes ei milltir sgwâr ydi Nesta; yn does yna hen ddigon i'w werthfawrogi ar lawr gwlad? Petai hi'n onest, tydi hi ddim wir yn teimlo mai yng Nghymru mae hi'n byw bellach, byth ers iddi symud i'r dref fach ffiniol yma. Ddim felly. Ddim yn union. Mi fedrai hi fod mewn unrhyw dref yn Lloegr i bob pwrpas, ar wahân i ambell ymgais bitw gan gyngor y dref. Y diwrnod o'r blaen, wrth fynd ag ambell fag i'r siop elusen, mi lamodd ei chalon pan welodd hi flwch trydanol wedi ei beintio â draig goch a chalon o'i chwmpas.

Fflat wedi ei osod reit ynghanol yr adeilad ydi ei chartref newydd. Yn byw reit oddi tani, mae cwpl ifanc newydd ymgartrefu, a'r drws nesaf iddi mae'r ddynes dawedog a roddodd y pot blodau bach del yna iddi'n anrheg i'w chroesawu yno. Hithau wedi ei greu yn arbennig iddi hi! Saif y potyn rŵan reit o flaen ei sinc fechan, lle gall edmygu'r *Anthrium* gwyn a gafodd hi gan Glyn. Daw teimlad cynnes drosti wrth weld y petalau bach siâp calon yna'n pwyntio at yr haul. Dyw hi ddim wedi cyfarfod y cwpl ifanc a'r preswylwyr eraill, hyd yn hyn. Yn tydi pobl mor breifat, ond felly'r oedd y bywyd modern mae'n siŵr. Pawb y tu ôl i'w ddrws caeedig ei hun.

Cofia Nesta am ei phenwythnos chwil o chwilota. On'd oedd hi wedi edrych ar saith lle i gyd a hynny mewn deuddydd yn unig? Aros mewn *Airbnb* bach cyfagos wnaeth hi. Doedd hi ddim am drwblu Sarah oedd yn sâl, neu'n brygowthan am yr estyniad byth a hefyd, a Gethin yn ei chanol hi hefo'i waith, druan. Ac yntau'n gyfreithiwr eiddo, roedd hi wedi rhyw obeithio y byddai wrth law i gynnig ei farn, ond nid felly y bu pethau.

Fflat rhif pedwar oedd y lleoliad olaf iddi ei weld, a hithau wedi dechrau drysu erbyn hynny. Debyg iawn mai rhan fawr o apêl y lle oedd y cyfleusterau gerllaw. Wrth gyrraedd, roedd hogan fach yr asiantaeth wedi tynnu ei sylw at *Greggs*, y stiwdio tynnu lluniau, *Treasures* a'i roddion bach tlws, Y Post – llyfrgell newydd sbon danlli hefyd – ynghyd â siop ffrogiau priodas bach del ar y gornel.

Ond y golau, heb os, oedd yr apêl fwyaf. Pan gamodd Nesta dros y trothwy, fe bowliodd yr haul i mewn gan beri iddi deimlo mai tywod ar draeth oedd o dan wadnau ei thraed, yn hytrach na'r carped hufennog.

Gwyddai i sicrwydd y byddai Glyn wedi rhoi sêl ei fendith,

felly dilyn yr hogan i fyny'r allt i'r swyddfa ac arwyddo yn y fan a'r lle wnaeth hi, er mawr syndod i'w mab. Pam gebyst na wnaeth hi drafod hefo fo yn lle bod mor fyrbwyll? A pham dewis fflat ar yr ail lawr a hithau â'i chlun boenus? Ond ei bywyd hi oedd o, ynde? Hi oedd wrth y llyw – nid nhw. Chwarddodd Nesta'n dawel fach wrthi ei hun wrth feddwl am ei rhyfyg mentrus. Byddai Glyn wedi bod yn falch ohoni.

* * *

Wrth anelu am dderbynfa'r gampfa a'r sba, rhuthra pobl heibio iddi fel tasen nhw ar fin dal awyren. Trwy'r gwydr llydan ar yr ochr chwith iddi, gwêl Nesta ddynion – merched hefyd – yn codi pwysau echrydus o fawr. Gall deimlo ei siaced drwchus yn tampio gyda'i chwys, a bron nad ydi hi'n teimlo ei bod hi ar un o'r peiriannau mawr metel ei hun.

Wrth gyrraedd y dderbynfa, estynna am ei thaleb i'r ddynes dal, gyfarwydd–yr-olwg, y tu ôl i'r ddesg. Mae mop o wallt fflamgoch ganddi a gwên fawr groesawus. 'Carol' mae'r bathodyn yn ei ddweud ar ei chrys. 'Mae Carol yma i'ch helpu chi.' Dyna neis. Ac yna cofia Nesta pwy ydi hi. Cymdoges glên Gethin ydi hon, siŵr iawn! Yr un gafodd ei gadael gan ei thipyn gŵr hefo efeilliaid bach prysur, druan ohoni.

Gwena Nesta'n ôl arni.

"Nesta 'dw i," eglura wrthi'n glir. "Nesta Prys...? Mam Gethin, w'chi. Gethin Prys, y cyfreithiwr drws nesa i chi'?"

"O, wrth gwrs! Fi'n flin – 'nes i ddim 'nabod chi am eiliad! Fe sy wedi trito chi heddi, ife?"

"Hm… wel, ia, mewn ffordd," medd Nesta. "Gwersi nofio – i ddynas f'oed i. Meddyliwch!"

"Ah, ie, gyda Brad fyddwch chi. Ma' Brad yn ffab. Fyddwch chi fel pysgodyn ar ôl un sesiwn 'da fe. Onest nawr!"

Gwna Nesta ryw sŵn yn ei gwddf wrth iddi geisio cytuno. Pwy a ŵyr beth sydd yn ei hwynebu. Yna, mae Carol yn pasio ffurflenni gwyrdd iddi i'w llenwi a'u llond nhw o gwestiynau manwl (digywilydd braidd) am ei hiechyd. Sôn am ymyrraeth ddiangen! Roedd sortio morgais newydd yn haws na hyn!

"Peidiwch mynd yn hen, Carol!" siarsiodd Nesta hi wrth dicio'r amrywiol flychau.

"O, Mrs Prys, dylen i weid sorri, ma' Brad yn sownd mewn traffig – *typical* ife! Ond beth am i chi ga'l *chill* bach yn y sba, tan bod e'n cyrradd, falle?"

Wrth iddi orffen llenwi'r ffurflen, sylwa Nesta ar focs o farau siocled o'i blaen.

"Barie *protein* y'n nhw," eglura Carol yn frwd wrth weld Nesta'n eu llygadu. "Bach yn anodd cnoi nhw, fel, ond ma'r un cnau yn *lush*!"

Dim ond un ohonyn nhw sydd ar ôl, felly estynna Nesta amdano, er y pris. Mae hi angen yr egni.

Bratha i mewn i felyster y bar wrth ymlwybro ar hyd y coridor. Mae'n syndod o dda. Yna agora Nesta ddrws trwm yr ystafell newid, gyda'i thaclau nofio yn siglo i'r naill ochr wrth iddi adael i ddynes mewn siwt olau fynd i mewn o'i blaen. Dim gair o ddiolch…

Mae'r lle yn chwilboeth, dan ei sang, a'r cyrff amrywiol yn disgleirio'n fregus yn y golau llachar. Ym mhob congl, mae merched yn paredio, heb unrhyw fath o ots bod eu bloneg a phob un dim arall yn cael ei ddangos i'r byd a'i chwaer!

Sleifia Nesta i giwbicl yn y gornel – un bychan bach fel cwpwrdd crasu. Wrth wasgu ei hun i'w gwisg newydd, gall glywed rhyw fam yn trio darbwyllo ei mab i dynnu ei dryncs. Llais meddal, rhesymol o neis-neis sydd ganddi. Felly'r oedd rhieni'r dyddia yma, yn molicodlo eu hepilod a gadael iddyn nhw redeg y sioe. Rhoi gormod o raff… Yn tydi plantos angen gwybod beth ydi'r ffiniau? Mae hi wedi trio cyfleu hyn i Sarah sawl gwaith, o weld sut ma' hi'n cowtowio i Cadog ond waeth iddi siarad â'r waliau teilsiog yma ddim. Rhyw lun o addoli ei mab mae hi, gyda'i lluniau mawr di-chwaeth o'r ddau pan oedd o'n fabi ar hyd waliau'r tŷ. Mae'r peth yn embaras.

Clyw Nesta lif gwastraffus y cawodydd o bob tu iddi, wrth iddi fentro'n ofalus yn ei blaen, heibio i'r arwydd 'Dim rhedeg ger y pwll'. Slapia ei fflip fflops yn erbyn y llawr gwlyb wrth iddi resynu'n dawel bach nad oes canllaw cadarn iddi ddal gafael ynddo. Wrth wylio amlinelliad yr holl gyrff siapus yma o'i chwmpas, teimla Nesta braidd yn hunan-ymwybodol. Ar ei ffordd, caiff gip sydyn ar ei llun yn y gwydr. Ymdebyga i ryw forfil sydd wedi ei lusgo i'r lan…

Penderfyna fentro i'r ystafell stêm gerllaw. O'i blaen yn yr ystafell fach fwll, eistedda dau ddyn cyhyrog sydd wrthi'n rhannu manylion eu *supplements* codi pwysau. Sylwa Nesta ar yr ysgrifen ddwbl Saesneg sydd ar frest un ohonynt sy'n ymdebygu i bennawd papur newydd. 'Difaru Dim' ydi'r neges. Siŵr iawn y bydd o'n difaru! Unwaith y daw'r bloneg canol oed, ond tydi'r dyn ddim wedi ystyried hynny, yn naddo? Go brin y bydd o'n gwthio ei frest allan fel ceiliog dandi do wedyn!

"Did that hurt?" gofynna Nesta, gan bwyntio at ei frest noeth sy'n diferu o chwys. "That writing?"

Gwena'r dyn cyhyrog arni gan fwytho'i datŵ yn falch. Dim ond y pum munud cyntaf o'r driniaeth sy'n boenus, mae'n debyg, eglura wrthi. Bron nad ydi o'n mwynhau'r boen sy'n gwneud iddo deimlo'n fyw. Pawb at y peth y bo...

Nid y cr'adur yma ydi'r unig un sydd wedi brandio ei hun fel anifail fferm 'chwaith. Mae merched wrthi hefyd! Yn gorweddian fel offrwm poeth mewn teml ar un o'r meinciau, mae dynes mewn bicini sydd â llun llawer rhy realistig o bry copyn ger ei botwm bol. Procio rhyw lun o sgwrs ddisylwedd hefo'r dynion mae hi, gan sôn (mewn manylder) am barti deunaw ei merch. Dysga Nesta faint o *jägerbomb* yfodd Shakira, sawl potel wag oedd yn yr ardd fore trannoeth a pha union eiriau alwodd Shakira ei thad, wnaeth lanio heb wahoddiad. A Nesta wedi cael ar ddeall mai 'lle i enaid gael llonydd' oedd sba...

Teimla'n benysgafn i gyd fwyaf sydyn. Llifa'r stêm fel dagrau i lawr y parwydydd ac ar hyd y golau bach serog ar y to a gall deimlo ei gwddw'n bygwth cau wrth i un o'r dynion daflu ychwaneg o ddŵr i mewn i ryw dwll bach yn y wal sy'n achosi creu ychwaneg o stêm! Mae hi'n ysu, fwyaf sydyn, i dorri gwynt hefyd... Gwêl fotwm coch gyda *panic button* wedi ei ysgrifennu arno. Wneith hi... ? Llwydda i godi a dianc, dim ond mewn pryd, ond tydi hi ddim yn llwyddo i atal ei hun rhag torri gwynt chwaith. Wel, henaint ni ddaw... Wrth i'r drws agored gau yn araf deg y tu ôl iddi, gall daeru ei bod yn clywed y ddynes pry cop yn piffian chwerthin o'i hochr hi. Yr hoeden iddi. Ofynnodd neb o'r cwmni a oedd hi'n iawn.

Yn y sawna, mae dynion yn eistedd yn dawel ar feinciau pren, eu pennau wedi eu gwyro fel tasen nhw'n gweddïo. Testosteron yn drwch. "Oh! It's hot here, bois bach!" ebycha Nesta cyn cau'r drws gwydr ac anelu am y pwll bach llawn swigod. A dyna le rhyfedd ydi fan'no. Y Carol gyfeillgar yna wrth y dderbynfa, ystyria Nesta – onid oes ganddi hi rywbeth tebyg i hwn yng nghefn ei thŷ? Cofia ei gweld hi a'r efeilliaid bach prysur ynddo drwy ffenest yr atig yn yr haf.

Llwydda i ddringo i mewn ar ôl ychydig o straffîg gan deimlo fel petai hi'n rhannu bàth gyda dieithriaid. Digon anghyfforddus ydi gweld y ddau ifanc yna'n lapswchan ar y chwith iddi, ac ar y dde, mae dwy ddynes yn siarad fel pwll y môr wrth gymharu eu lliw haul ffug. Sôn mor fuddiol ydi hwla hŵps i sicrhau ffitrwydd mae'r un dalaf, cyn i'r llall roi ei phig i mewn i rannu rhinweddau ei thrampolîn ymarfer corff. Beth sydd o'i le ar fynd am dro?

Wrth iddi glustfeinio ar bytiau o sgyrsiau, dotia Nesta o glywed ychydig o Gymraeg yn lle'r iaith fain arferol, a dalia ar y cyfle i fynegi hyn o ffaith i'r cwmni. "O, ma'n braf clywad 'chydig o Gymraeg yn dre 'ma, yn dydi?" cyhoedda uwch ffrwtian y swigod. Syllu arni'n dawel wna'r cwpl ifanc cyn parhau i sugno wynebau ei gilydd yn ei gŵydd.

Yna, mae'r peth mwyaf od yn digwydd i Nesta. Cwyd top ei gwisg nofio gyda phŵer y swigod gan wneud iddi edrych fel tase hi'n feichiog unwaith eto! Onid rhyw bwll bach fel hwn ddefnyddiodd Sarah pan ddaeth Cadog i'r byd? Dewis mor od... Geni'r bychan annwyl mewn dŵr llawn gwaed a budreddi a phwy a ŵyr be… Beth am hen lol y *birth plan* yna wedyn? Malu awyr am fuddion y paratoi fydde hi, fel petai geni plentyn yn gydnaws â llunio rhestr siopa.

Gerllaw, mae 'na ddynes yn gorweddian ar wely haul, ei babi yn ei breichiau. Golwg wedi blino'n rhacs ar y ddynes druan. Braf gweld pobl yn ymlacio ychydig ynghanol prysurdeb eu bywydau, hefyd. Edrycha Nesta ar y cyrff yn torheulo yn yr haul isel. Profiad tebyg oedd bod ar y fordaith, meddylia, gan gofio'r ffotograffydd bywiog yna'n mynnu tynnu llun o Glyn a hithau ar y dec wrth i'r tonnau symud oddi tanynt. Edrychai Glyn fymryn yn ddryslyd yn y llun wrth iddo gydio'n dynn yn ei llaw, ond roedd o wedi bod wrth ei fodd yn ystod y gwyliau, on'd oedd?

Beth feddyliai o o'r lle rhyfedd yma, tybed? Sylwa Nesta fod ambell un yn dewis cerdded yn y dŵr. Wel, dyna un ffordd o'i wneud o mae'n siŵr. Yn cael ei ollwng i'r pwll rŵan ar ryw gadair blastig electronig yn araf deg bach ofalus, mae dyn oedrannus â'i gorff yn glymau i gyd. Ai strôc sydd wedi dod i'w ran o hefyd?

Lle mae ei hathro hi, dudwch? Y Brad 'ma? Gorau po gyntaf i'r lol botas yma ddod i ben… Am anrheg hurt. Gwersi nofio, wir, a hithau heibio oed yr addewid!

Pryd nofiodd hi ddiwethaf? Fedrai hi ddim cofio pan fentrodd hi i'r dwfn. Cael amser braf yn Llyn Peris oedden nhw, y diwrnod y digwyddodd o. Glyn a hithau newydd briodi yr haf hwnnw ac yn gwersylla yn eu pabell oren.

Nofiwr digon dihyder oedd ei gŵr, ond mi ddaeth rhyw nerth i'w gyflyru o rywle pan welodd ei wraig ifanc yn diflannu fel yna o dan wyneb y llyn… Mae hi'n ôl yno rŵan wrth weld y bobl ifanc yma o'i blaen hi'n plymio'n eofn i'r dwfn, ond roedd y dŵr rhewllyd yna'n ei thynnu, yn gafael fel gelan am ei phigyrnau... Y llysnafedd yn llithrig o gylch ei thraed wrth iddi ymladd, ymladd am ei hanadl; a'r cerrynt wedyn – y cerrynt erchyll, difaol hwnnw'n cydio amdani...

"Mrs Prys? Helô... Brad ydw i...Chi dysgu 'da fi heddi. Barod?"

Uwch ei phen, saif dyn talsyth, cyhyrog. Pefria ei lygaid golau i lawr arni a disgleiria'r dafnau o ddŵr fel perlau mân ar gynfas ei gorff euraidd. Dyma fo felly. Yr un fydd yn ei hailddysgu sut i fentro i'r dwfn.

Ei thynnu hi tuag ato ddaru fo wedyn; ei thynnu hi'n saff i'r lan a'i dadebru... Ei Glyn cryf, dewr, hi, a hithau bron â wynebu ei glyn cysgod angau ei hun. Gall popeth newid mewn eiliad...

Yr unigedd sydd bron â'i llorio ar y dyddiau anoddaf. Gŵyr o brofiad fod angen iddi fodloni ar fod yn y tywyllwch pan ddaw'r ergydion o nunlle, os ydi hi am gryfhau. Fel blodau'r ardd gynt, cyn i'r planhigion bregus fagu nerth i wthio drwy dywyllwch y pridd tua'r goleuni.

Bydd pobl yn honni o hyd mai pasio fydd o, maes o law – y galar... Ond be' wyddan nhw? "Sut 'dach chi'n 'neud, Mrs Prys?" byddan nhw'n ei holi'n gyffredinol a'r geiriau'n ei phallu. Tydi rhan ohoni ddim am i'r galar basio, beth bynnag. Ddim mewn difrif. Angen siarad amdano mae hi. Mae hi angen cadw'r atgofion yn fyw! Tra bo'r galar yn gwmni, mae ei chymar oes yn dal yno yn ei chynnal, yn troedio'r llwybrau gyda hi.

Gadawa Nesta i'r dyn diarth ei harwain, a chymer un cam petrus ar ôl y llall tuag at oerni'r dŵr. Yn nes ymlaen, a hithau ar ei chefn yn rhan fas y pwll, gyda chymorth cylchoedd polystyren llachar a breichiau dyn diarth i'w chynnal, sylwa mor gyntefig rhywsut ydi to'r pwll, gyda'i stribedi haearn diwydiannol a'i oleuadau llachar.

Yno, wrth arnofio, heb rybudd, daw'r atgofion yn llif digymell. Meddylia am Glyn yn ei funudau olaf; ei Glyn annwyl hi, yn cael ei ruthro'n ddiymadferth ar droli yn y ward brysur yna, ar ei gefn fel hyn â'i lygaid wedi eu hoelio ar oleuadau tebyg i'r rhain, mae'n siŵr. Y strôc derfynol wedi ei daro, a hithau heb fedru gwneud yr un dim i'w achub o.

"Y gola." Dyna oedd ei eiriau olaf. Cofia Nesta hynny'n dda. "Y gola."

Dyna ddigon rŵan Nesta, siarsia ei hun. Mae heddiw yma ac mae hi'n benderfynol o fanteisio i'r eithaf ar hyn. Ydi, am nawr, mae hi'n saff ac yn nofio tuag at ei dyfodol.

* * *

Dilyna Nesta gyfarwyddyd ei hathro newydd fel disgybl ufudd, parod i blesio, gan chwifio ei breichiau'n drefnus rythmig uwch ei phen. Un, dau, tri, pedwar, un dau, tri, pedwar...

"Ti gwneud yn *really* da, Nesta." Gall glywed Brad wrth ei hymyl, gyda swisian sŵn y dŵr, yn ei chymell yn ei blaen. "Cario 'mla'n Nesta... Ti gallu 'neud e, *ok*?"

Canolbwyntia hithau ar y foment, ar ddygnu arni â'r symudiadau disgwyliedig wrth iddi geisio ymddiried... Bron nad ydi hi'n teimlo rhyw hyder newydd yn ei chyflyru. Mae hi am gofleidio'r teimlad diarth, brawychus, ac eto, rhydd hwn o symud yn y dŵr sy'n ei hamgylchynu. Meddylia am y tamaid blasus sy'n aros amdani yn y caffi, ond dyry'r crefu i'r naill ochr am y tro, wrth ddyfalbarhau â'i thasg.

Yna daw sain y chwiban.

Chwiban uchel yn diasbedain ar hyd y pwll... Mae pawb i fynd allan! Allan – allan â chi, ar eich hunion – neb i fentro'n ôl tan yr hwyr!

Beth gebyst sy'n digwydd? Does gan Nesta ddim obadeia! Wrth grafangu'n sigledig am y canllaw, sylwa ar un o'r arbedwyr bywyd ifanc yn rhwydo rhywbeth digon anghynnes yr olwg i'w rwyd, a phlentyn ifanc yn cael ei dynnu tua'r ystafell newydd gan fam flin...

Sefyll yn grynedig ar ymyl y pwll wna Nesta am ennyd, wrth geisio cael ei gwynt ati. Gall deimlo'r oerfel yn gafael tra bo'r holl bobl hanner noeth yma'n rhuthro heibio iddi. O'r diwedd, llwydda i ddadebru wrth i'r chwiban annioddefol ddal i seinio. Gorau po gynta' y gadawith hi'r lle yma... Brasgama'n afrosgo yn ei blaen ar hyd y teils gwlyb.

Ac yno ar ymyl y pwll, mae Nesta yn disgyn.

DRWS AGORED

"Sarah…? Sarah !"

Dewis pa glustdlysau i'w gwisgo mae hi pan glyw ei henw'n cael ei alw o gyfeiriad y landin. Bodlona ar bâr arian, cynnil, gan obeithio eu bod nhw'n gweddu i'r achlysur, cyn edrych yn feirniadol ar ei hadlewyrchiad. Does dim amheuaeth bod y top wedi edrych dipyn yn dlysach ar fodel fain y catalog, ond doedd y fodel honno, siŵr o fod, ddim yn disgwyl babi.

Ar wal ei hystafell wely, mae ffotograff du a gwyn enfawr ohoni mewn proffil yn cario ei chyntaf-anedig yn ei chroth. Mae Sarah yn noeth o'i chorun i'w sawdl yn y llun, ac eto, digon cynnil ydi'r effaith – tydi hi'n dangos yr un dim. Gwyra ei phen i lawr at ei chanol a thaena ei gwallt golau'n rhubanau hir i lawr ar hyd plygion ei bronnau wrthi iddi anwesu'r chwydd. Gresyna Sarah nad ydi hi'n cario yn yr un ffordd osgeiddig y tro yma, ond mae dros ddegawd wedi pasio ers hynny, chwarae teg.

"Saraaaaaah!"

Ar ben y grisiau, lledorwedda Carol, ei chymdoges, fel rhyw afr wyllt ar gopa craig beryglus. Chwipia ei chudynnau coch bob sut wrth iddi wneud ei gorau i ddal ei gafael yn fferau ei hefeilliaid bach anniddig. Gwisgo'r top aur di-lun yna mae hi unwaith eto eleni, sylwa Sarah.

"Stop nawr bois! Plis! So chi'n cael mynd i stydi Geth

a gwneud cawdel fel y tro dwetha, iawn? Chi'n clywed Mami?"

Gwinga'r efeilliaid wrth iddyn nhw drio dianc o afael eu mam.

"Sarah, gwed wrth y diawled 'ma! Stopiwch hi, bois! Gryndwch ar Mami!"

Nos galan y llynedd. Dyna pryd croesodd Carol riniog ei thŷ ddiwethaf. Geth oedd wedi mynnu gwadd y cymdogion agosaf draw am lymed neu ddau cyn i'r adeiladwyr ddechrau codi'r estyniad. Rhyfedd meddwl fod blwyddyn wedi gwibio ers hynny, a rhyfeddach meddwl mai dim ond dwy haen o frics sy'n eu gwahanu oddi wrth eu cymdogion.

Ers hynny, mae 'Annedd' – ei haelwyd a'i nyth ers yn agos at ddeng mlynedd – wedi dyblu mewn maint bron â bod, a hen gegin gul y nawdegau ond yn atgof niwlog o'i bywyd blaenorol. Mae holl rythm dyddiol y teulu wedi trawsnewid ers hynny, gyda'r tri, erbyn hyn, yn treulio oriau ac oriau yng nghwmni ei gilydd yn y gegin eang. Ar ei sgrin ar y soffa gornel bydd Cadog, fel arfer, ond o leiaf mae'n dewis bod yno. Heb os, roedd yr estyniad eisoes wedi talu ar ei ganfed.

Heno, mae Geth am estyn croeso (polisi 'drws agored') i'w cymdogion fel arwydd o'u diolchgarwch am eu hamynedd gyda'r holl waith adeiladu. Roedd nifer ohonyn nhw wedi dangos eu hestyniadau i'r ddau, er mwyn cynnig syniadau cyn i'r gwaith ddechrau. Fyddai hynny ddim wedi digwydd yn ôl yn Llundain, meddai Geth, er bod Sarah yn dal i weld eisiau'r teimlad cysurus, od, hwnnw o fod yn endid anweledig yn y dorf.

Dydyn nhw ddim wedi agor eu drysau i fawr o neb

yn ystod eu deuddeg mis o lwch a straen – ac eithrio'r adeiladwyr a negeseuon *Ocado*. Tua'r terfyn, roedd y dynion bron â dod yn rhan o'r dodrefn. Y Mark yna oedd wedi bod fwya' cydwybodol o'r criw. Hogyn lleol fysa'n cytuno i wneud ambell i jobyn ychwanegol, er mwyn cael 'chydig o arian mewn llaw. Bydde'r bois yn cyrraedd yn braf cyn saith yn blygeiniol, gan feddiannu'r holl dŷ hefo'u chwys a'u sŵn, gan fynnu eu paneidiau. Yn sicr, dydi Sarah ddim yn gweld eu colli.

A'r ddau efaill bywiog wedi llwyddo i ddianc o afael eu mam, brasgamant yn frwd i gyfeiriad y stydi. Cofia Sarah y dyddiau pan arferai stydi Geth fod yn feithrinfa i'w Cadog bach. Tydi Sarah ddim yn hiraethu'n ormodol. Buan y bydd yn rheidrwydd arni gamu'n ôl i'r rôl, wrth gwrs. Mae hynny yn afreal, yn ddychryn iddi.

"O Sarah, ma'r bois hyn yn gyrru fi'n benwan!" ebycha Carol yn fyr ei gwynt. Ar dop ei gwefus, mae haen denau o chwys wedi hel. "So i'n cael lot o amser bant o'r risepsiyn 'na, 'yf fi? Bydde noson bant, yn rhydd o'r ddou 'ma yn neis, fi'n gweud 'tho ti!"

Mae Carol yn ddiolchgar am ei gwaith yn y sba, medde hi, gyda swyddi yn y dref wedi mynd yn bethau mor ofnadwy o brin. Fedr Sarah ddim meddwl am ddim byd gwaeth na sefyllian ar ei thraed drwy'r dydd yn delio â chwsmeriaid chwyslyd. Roedd ei chymdoges wedi gobeithio ymarfer yn y gampfa y tu hwnt i'w horiau gwaith o bryd i'w gilydd, ond tydi'r efeilliaid ddim yn caniatáu hynny.

Teimla Sarah bwl o biti drosti fwya sydyn. Pa mor hunanol fu Gary yn ei gadael iddi fagu'r ddau fach ar ei phen ei hun? Druan ohoni. Mae hi'n ferch smart, dal, wastad â gwên ar ei hwyneb, chware teg iddi. Tybed a ddylai Geth a hithau fod wedi estyn llaw? Yn bur aml, mi fydde'r ddau'n clywed eu gweiddi'n treiddio trwy'r waliau. Ond doedd problemau personol eu cymdogion yn ddim o'u busnes nhw, yn nag oedd?

O nunlle, daw atgof i Sarah o'r penwythnos hir hwnnw o haf pan oedd Cadog yn fach; Geth a hithau, a Carol a Gary yn ddi-blant ar y pryd, yn tynnu'r hen ffens flêr rhyngddyn nhw i lawr a chodi un newydd, well, yn ei lle. Cofia'r hwyl a'r chwerthin wrth i'r dynion fynd ati i dyllu lle i osod y polion mewn sment, tra oedd Carol a hithau'n mân siarad wrth beintio. Teimlai mor agos ati y penwythnos hwnnw, fel petai wedi darganfod cyfeilles oes, er mor wahanol oedd y ddwy.

Am ddeuddydd byr, doedd dim byd yn gwahanu'r ddau gartre, fel pe baen nhw'n byw mewn rhyw gymuned hipïaidd rydd o'r chwedegau. Cofia Sarah Cadog yn rhedeg yn wyllt o'r naill ardd i'r llall, fel petai'r gerddi wedi trawsnewid i fod yn un darn eang o dir. Rhannu bocsys tecawê a photeli cwrw wnaethon nhw wedyn yn haul y diwetydd, a'r cyplau fel petaen nhw am i'r foment aros yn ei hunfan.

Roedd hynny cyn i'w cymdogion fuddsoddi yn eu twba twym ac mae Sarah yn dal i ryfeddu bod Carol yn dal i'w redeg, er y costau uchel i'w gynhesu. Fel arall, gardd ddigon di-lol a heb unrhyw goed sydd ganddi, ond mae'n gas gan Sarah ffrynt ei thŷ â'r pili palas plastig sy'n glynu'n blentynnaidd i'r brics.

Ymddangosa Cadog yn nrws ei ystafell gydag awenau ei *Xbox* yn hongian o'i arddwrn. Gall Sarah daeru ei fod yn gwgu ar ei bol. Tydi o ddim yn gyfrinach fod ei mab un ar ddeg yn casáu'r ffaith fod y ffasiwn beth wedi gallu digwydd i'w fam o gwbl. Mae'r peth yn wrthun.

"Carol, beth am i ti gael gwydred bach, ife?" cynigia Sarah gan gyrcydu wrth ei hymyl. "Fi'n meddwl bo ti'n haeddu un! Gall Cadog edrych ar ôl y bois – iawn Cads? Cylch Meithrin Cadog!" Chwardda Sarah ar ei jôc ei hun, ond dal i wgu'n swrth arni wna yntau cyn gadael i'r efeilliaid ei ddilyn.

"Iawn, ond so ti'n cael yfed, reit Miss!" medd Carol gan chwerthin. "Fi'n mynd i gadw llyged arnot ti!"

Gwena Sarah, gan ysu'n dawel fach am gael llenwi gwydryn reit i'w ymylon. Teimla'r top yn dynn am ei chanol wrth iddi godi'n drwsgl. Fedr hi ddim caniatáu iddi ei hun ennill pwysau yn ei chyflwr hi. Aeth hi dros ben llestri dros yr ŵyl, yn sicr – yr holl bwdinau hufennog yna o *Marks*… Po fwyaf o fraster a saim y bwytith hi rŵan, y mwyaf fydd y bywyd yma yn tyfu y tu mewn iddi! Ai'r babi oedd yn achosi'r ffasiwn grefu am galorïau?

"Sarah, ma' top ti'n lysh," amneidia Carol wrth ddilyn ei chymdoges. "Ma fe'n rili siwtio ti."

"O, jolch!" ateba Sarah dros ei hysgwyddau, "Dy dop di hefyd. Ti'n edrych yn grêt."

Teimla ei bochau'n cynhesu rhyw fymryn wrth i'r geiriau lithro'n rhuban gwenieithus o'i cheg.

Wrth iddi arwain y ffordd i lawr y grisiau, mae'n dal ei hun yn edrych o'r newydd ar y peintiad enfawr yna brynodd hi y llynedd. Artist adnabyddus beintiodd o – beth oedd ei enw, eto? Tase hi'n onest, tydi hi ddim wir yn deall (nac ychwaith yn hoffi) ei waith, ond mi brynodd hi'r llun yr un fath ar noson agoriadol yr oriel newydd yn y dref. Doedd o ddim yn rhad, o bell ffordd, ond roedd y gwin wedi mynd i'w phen a Geth wedi codi bawd yn ateb i'w neges destun pan awgrymodd hi'r chwiw bryniant. Cysura ei hun fod cael llun fel hwn ar y wal yn symbol o rywbeth, beth bynnag... Llun o Ianws ydi o, gwarchodwr y trothwy, y duw dauwynebog sy'n edrych i ddau gyfeiriad, tuag at ddoe ac at yfory hefyd.

Twtia Sarah y cardiau Nadolig sy'n rhes gymesur o flaen y ffenestr liw (nodwedd wreiddiol). Yn sydyn, ysa i'w tynnu nhw i gyd i lawr gydag un ffluch. Does ganddi fawr i'w ddweud am addurniadau a ffrils yr ŵyl, yn wahanol i'w gŵr. Bob Nadolig, bydd o'n mynnu parhau â'i draddodiad o fynd i'r ganolfan arddio er mwyn nôl Y Goeden Iawn, o ddewis eu mab. Beth sydd o'i le ar un blastig, ddi-lol?

Wrth gyrraedd gwaelod y grisiau, gresyna Sarah at y llwch sydd wedi hel ar frig gorchudd lamp y to. Doedd hi ddim wedi sylwi ynghanol yr holl baratoi. On'd oedd cymaint i'w wneud rhwng chwistrellu'r aroglau da, cynnau'r canhwyllau a chuddio'r tyweli a'r dillad budron yn yr ystafell sbâr? Digon i wneud pen Sarah droi, a'r babi hefyd, petai'n dod i hynny.

Beth oedd yn bod ar Geth yn cynnal parti a hithau ar fin cario babi i'w dymor gyda'r gwanwyn? Braf fydd gweld Nina yn ei hôl gyda'i hwfer a'i mop ffyddlon mewn ychydig ddyddiau, ystyria, wrth wthio bwndel o fflwff i gornel y cyntedd gyda'i sawdl. Mae gorfod ymdopi heb egni wythnosol ei glanhawraig yn symptom arall o anhrefn y Nadolig.

Try Sarah y golau cynnes yn is wrth iddi arwain Carol i gyfeiriad y gegin.

"Waw, Sarah... ! O, Sarah, ma' fe'n ffab! Co'r lliw... Styning. O, fi, mor jelys!"

Mae Sarah wedi ymarfer y foment yma droeon yn ei phen – y foment pan fyddai ei chymdogion yn cael gweld ei chegin ar ei newydd wedd am y tro cyntaf. Dydi hi'n sicr ddim am i'r ymgynnull ymddangos fel rhyw ddadelfeniad dramatig ylwch–arnon-ni, ac eto, onid dyna ydi diben y dathliad mewn gwirionedd? Mae'n benderfynol o beidio ag ymffrostio, beth bynnag, ac mae'n llwyr ymwybodol eu bod nhw'n dipyn mwy breintiedig na nifer o'u cymdogion.

Dim ond gobeithio na fydd ei mam yng nghyfraith yn gwneud gormod o sioe ynglŷn â'r estyniad o flaen pawb. Wrth gwrs, bydd Nesta'n sicr yn gwneud melin a phandy am ei sefyllfa gyfredol ac yn falch o weld pobl yn tendio arni, hi a'i bali baglau. Mae hi'n gallu symud o gwmpas yn iawn – mae Sarah wedi ei gweld hi'n rhedeg i lawr y grisiau ar gyfer y *Bake Off* pan fydd hi'n clywed yr hysbysebion. Bellach, mae bron mis wedi pasio ers Y Godwm, a Nesta wedi mynnu cael tocyn anrheg *Starbucks* y gwesty yn hytrach nag ailgydio yn y gwersi ar ôl iddi gryfhau. Dyle Geth fod wedi gwrando arni a glynu at eu hamper Nadolig arferol.

Mynnu ymuno â nhw heno wnaeth hi wrth gwrs, er nad ydi hi'n gymdoges (hir y pery hynny!) Mae Sarah yn dal i orfod addasu i'r ffaith fod mam Geth yn preswylio bellach mewn fflat bach i lawr y lôn a hithau wedi hen arfer cael milltiroedd saff rhyngddynt. Cysura ei hun nad ydi perthynas gwraig â'i mam yng nghyfraith i fod yn un hawdd. Fydd Sarah byth yn ddigon da i fab dilychwin Nesta Prys – dyna'r gwir amdani.

Wrth gamu i'r gofod, gwena Sarah yn gynnes ar Carol, gan wneud yn siŵr nad ydi hi'n tynnu ei sylw at y nodweddion anorffenedig. Mae un o'r lampau gwydr sy'n hongian o'r nenfwd yn gwyro fymryn i'r naill ochr, gyda'r weiren letchwith aur yna sy'n ei dal yn ei lle, wedi plygu fymryn. Dal i ddisgwyl mae hi am y potiau *Orla Kiely* hefyd… Mae'n gas ganddi'r rhai pridd cyntefig – ar gyfer dal te, coffi a siwgr – a roddodd Nesta iddi. Pethau hyll wedi'u creu gan gymdoges i'w mam yng nghyfraith ydyn nhw. Yma am y tro yn unig maen nhw, tan y bydd y potiau o'i dewis hi wedi cyrraedd.

Mae hi'n sicr yn ymwybodol o'r holl bethau bach sydd angen eu cywiro a'u taclo. Rhyfedd meddwl y fath flerwch sy'n guddiedig y tu ôl i waliau pob cartref; yr holl wifrau budr a mortar du yna sy'n nadreddu ymysg ei gilydd yn un gybolfa flêr.

Saif llond dwrn o'i chymdogion yn gylch gwâr o gwmpas yr ynys, yn dal eu gwydrau main. Does neb wedi dechrau estyn at y plateidiau o fwydydd, ond swil ydi pawb ar ddechrau pob parti. Cawsiau meddal a chigoedd hallt fel y rhain sy'n denu Sarah atynt yn gyson, a hithau'n gorfod ymatal. Dim ond gobeithio bod digon o opsiynau llysieuol, figen a di-glwten. Dydi hi ddim yn orlawn yma beth, bynnag. Mae'n debyg bod nifer i ffwrdd ar eu gwyliau. Diolch byth am hynny.

Am ryw reswm, gwisga ei mam yng nghyfraith gyrn ceirw ffelt ar ei phen, er bod yr Ŵyl wedi mynd heibio. Mae hi wedi sodro ei hun yn y sedd fwyaf cyfforddus a'i llenwi hyd at yr ymylon hefyd. Sglaffio am y gorau, wrth sgwrsio fel melin bupur gydag Asbek a'i fam mae hi rŵan. Druan â nhw, yn gorfod gwrando arni a hynny yn y Gymraeg hefyd, siŵr o fod…

Cofia'n ôl at y dydd Nadolig. Roedd Nesta wedi gorfod

cael ei chwmni eleni, on'd oedd? Rhwng pob dim, mynnu siarad Cymraeg gyda'i llystad wnaeth hi eto, er ei bod hi'n gwybod yn iawn nad ydi o'n medru'r iaith, dim ond ambell i frawddeg drwsgl. Pryd ddysgith hi?

Gwisgo'i hen siaced erchyll mae hi, yn ôl ei harfer, wrth gwrs, fel petai hi ar drip anturus i begwn y gogledd. Erbyn hyn, mae fflyd o bobl wedi hel o'i chwmpas. Y busnes fideo gwallgof yna sydd ar fai... Ddylai Sarah dynnu ei sylw at saws pinc y *vol-au-vent,* sy'n gacen ar ei gên? Dewisa beidio, rhag cael ei thynnu i mewn i'r sgwrs bedantig. Roedd Glyn, ei gŵr, yn gwmni dipyn difyrrach. Dyn deallus a ffraeth ei sgwrs oedd o.

Sylwa Sarah fod y rhan fwyaf o'i chymdogion yn dal i wisgo eu hesgidiau, er iddi awgrymu'n gryf i Geth y byddai'n syniad iddo droi'r gwres dan draed ymlaen yn uchel ac ateb y drws yn nhraed ei sanau, fel awgrym cynnil. Ydi o'n gwrando arni o gwbl? Doedd y llawr pren derw ddim wedi bod yn rhad.

Parhau i gyrraedd yn raddol mae'r gwesteion, gyda Geth yn agor y drws a chymryd y cotiau a'r bagiau. Mwya'r cywilydd, dydi cloch y drws ffrynt ddim yn canu, sy'n peri bod sawl ymwelydd yn gorfod sefyllian yn yr oerfel. Gwna Sarah nodyn bach yn ei ffôn i'w hatgoffa i gysylltu â'r trydanwr yn y flwyddyn newydd.

Cerddoriaeth *jazz* ddi-drefn a ffuantus mae Geth wedi ei ddewis ar yr *Alexa*, am ryw reswm – fel tasen nhw mewn fflat uchel yn Efrog Newydd. Dydi Sarah ddim am fynnu unrhyw fiwsig amgen ychwaith, rhag iddo dynnu sylw. Gwell ganddi rôl y weinyddes anweledig, gan symud fel cath dawel, ddisylw yn nhraed ei sanau, o un gongl o'r estyniad i'r llall. Prif fantais y rôl o fod yn weinyddes wrth gwrs ydi'r ffaith nad oes unrhyw bwysau arni i ymuno â'r mân siarad. Mae'n berffaith dderbyniol hofran fel hyn a symud o un clwstwr i'r llall, gan wrando ar bytiau o sgyrsiau wrth lenwi'r gwydrau.

Rhanna sawl un fanylion eu gwyliau, a'r cwpl ifanc dros y ffordd yn sôn mor braf oedd cael cyfnod fel teulu heb y rhuthr arferol. Clyw Sarah pwy aeth i ba ran o'r wlad ac am ba hyd a phwy gafodd fwy nag un math o gig fel rhan o'u cinio Nadolig. O gylch Carol, mae tipyn o firi wrth iddi rannu hanesyn am yr efeilliaid yn darganfod prif rodd Siôn Corn dan y grisiau ar noswyl Nadolig. "Whare cuddio oedd y jiawled!" eglura'n frwd dros *Prosecco* arall. "Fydden nhw wedi anghofio erbyn 'Dolig nesa, fi'n gobitho!" chwardda'n uchel.

Teimla Sarah y tyndra cyfarwydd yna'n bygwth crebachu ar flaen ei thalcen wrth i grochlefain y sacsoffon godi. Braf fyddai encilio i'r atig i gael hoe, meddylia. Fyddai unrhyw un yn sylwi, tase hi'n diflannu am ychydig? Dychmyga ei hun ym mrig y tŷ yn cael munud iddi ei hun. Gorwedd ar y carped trwchus fydde hi gyda channwyll yn mudlosgi, masg trwchus am ei llygaid a hithau'n mwynhau sesiwn anadlu *hypnobirthing* i gyfeiliant tonnau'r môr.

Tyliniad fyddai'n taro'r marc go iawn, wrth gwrs. Roedd mis da wedi pasio ers ei thyliniad beichiogrwydd diwethaf. Digon posib y byddai Geth yn fodlon rhoi orig fach iddi yfory, i gael ei gwynt ati.

Edrycha Sarah ar ei gŵr sy'n siarad yn afieithus ac yn ei elfen gyda'r cwmni. Mae'n edrych yn dda heno, o ystyried ei oed; fyddai neb yn dyfalu bod ganddo *hair system*. Mi gostodd bron cymaint â'r drysau plyg, wrth gwrs, ond dydi Sarah ddim wedi difaru ei annog i fuddsoddi gan fod ei drwch o wallt tywyll wedi teneuo i'r fath raddau.

Llwydda i ddal ei lygad am eiliad, ond dydi o'n poeni'r un iot amdani hi, neu mi fyddai'n croesi draw ac yn ei hannog hi i eistedd. Yn ei chornel, mae Nesta'n bygwth codi o'i gorsedd, felly sleifia Sarah i'r ystafell aml-bwrpas ym mhen pellaf y gegin gan gau'r drws ar y sŵn. Anadla'n ddwfn… Ar ddrws y brif oergell, wrth ymyl y sgan 3D diwethaf o'r un bach, mae ganddi restr o'r holl bethau sydd angen eu gwneud. Bydd rhaid trefnu mwy o sesiynau *Reflexology*, therapi *cranial* ac *Acupuncture*, yn ogystal â mireinio ei chynllun geni.

O dan y rhestr mae erthygl 'Rhoi amser i fy hun ynghanol prysurdeb bywyd mam'. Mae'r erthygl yn agor gyda geiriau ysbrydoledig sydd wedi eu huwcholeuo ganddi: "Does neb sy'n aberthu fel mam – mae hi'n adeiladu dyfodol i'w phlant." Mor wir.

I sadio rhyw gymaint ac i liniaru ei chur pen, cyneua gannwyll – un sinamwn a nwtmeg melys, ond heb fod yn rhy felys chwaith – gan ei harogli'n ddwfn. Y peth cyntaf wnaeth hi ar ôl gweld cefn yr adeiladwyr oedd buddsoddi mewn canhwyllau o safon a'u gosod yn fwriadus ym mhob ystafell. Ar ôl pum munud braf ar ei phen ei hun, estynna am botel o *cava* o'r oergell ddiodydd, ynghyd â'r *punch* digic, echrydus, cyn mentro agor y drws.

Yn ôl yn y gegin, sylwa Sarah fod ambell un newydd wedi glanio. Ma' golwg hapus ar Charlotte a'i chariad newydd. Buan y bydd o'n symud i mewn rŵan, mae'n siŵr… Neis eu bod nhw wedi cwrdd, meddylia Sarah. Dyn golygus, smart, ydi'r Gerald yma. Mae'n ei siwtio hi gymaint gwell…

Rhuthra Esme i fyny'r grisiau, i ymuno â Cadog a gweddill y plant. Hyfryd ei gweld hi'n gwenu ar ôl pob dim... Merch mor annwyl, wedi bod drwy gymaint. Efallai mai merch fach geith hithau pan ddaw'r gwanwyn.

Yn edrych yn fwy bywiog na'r arfer, mae'r athrawes yna o ben pella'r stryd – Marian...? Na, Mared. Mared Llywela – dyna fo – a'i gŵr hi... Dewi...? Bydd Cadog yn ei gofal cyn hir, wrth gwrs, gyda'r ysgol uwchradd rownd y gornel.

Sua parablu'r gymdogaeth yn ei flaen. Llifa'r sylwadau am ddewis Sarah a Geth o unedau, gyda sawl un yn edmygu'r nodweddion amrywiol – y pinc cynnil, ffasiynol, y golau isel o dan y silffoedd, y tap aur sy'n darparu dŵr berwedig, rhewllyd a phefriog hefyd, ynghyd â'r teils cerrig naturiol. Mae'r ddau olchwr llestri'n ennyn cryn edmygedd hefyd.

Teimla Sarah braidd yn lletchwith tra bo Geth yn mynd i hwyl wrth sôn am yr agweddau pensaernïol, yn enwedig yng nghwmni Carol. Ceisia Sarah ddal ei lygaid i'w rybuddio'n gynnil, ond mae'n rhy hwyr. Erbyn hyn, mae o ar ei bumed gwydryn ac yn mwynhau ei hun yn rhy dda. Rhyw ddiwrnod, mi geith hi ei ffordd. Rhyw ddiwrnod mi geith hi'r tŷ delfrydol a fydd yn sefyll ar ei ben ei hun, ar wahân i unrhyw gymydog, heb orfod bod yn atebol i neb a heb rannu wal na thiriogaeth â neb.

Dalia Sarah ati i gynnig ei phlatiau arian. Parhau i sgwrsio gyda Charlotte a Gerald mae Geth gan lyncu *arancini* madarch.

"Felly, be 'di'r diweddara efo'r clown?" hola Geth.

"O, paid gofyn!" ateba Charlotte gan ddrachtio ei diod mewn un llowciad.

Erbyn hyn, mae Carol wedi ymuno gyda Nesta yn y

gornel ac yn plygu i'w helpu i estyn ei gweill a'i gwlân o'i bag. Yn sydyn, mae Carol yn glanna chwerthin, fel petai Nesta newydd rannu jôc y flwyddyn â hi, wrth iddi ddechrau clic-clician ei gweill. (Gwau mewn parti – pwy arall?)

Yn eistedd ar glustog y sil ffenest, mae honno o rif deuddeg sydd â chlamp o ardd uwch ben ei stiwdio waith (darganfod hyn ar y *Google Maps* wnaeth Sarah.) Yn siarad â hi mae Sandra drws nesa'r ochr arall. Mi glywodd Sarah hi'n cwyno wrth ei gŵr yn yr ardd am y gwaith adeiladu un diwrnod – fel tase gan Geth a hithau ddim hawl i greu estyniad i'w heiddo eu hunain! Gwêl eisiau ei Llundain lachar, gyffrous, sydd cymaint gwell na'r lledadnabod llugoer yma.

Gwyliau bach arall fyddai'n gweddu i Sarah, yn hytrach na gwahodd gwesteion yn barhaus fel hyn. On'd oedd pob Nadolig yn dod â'i straen, gyda'r holl brynu a lapio, ond roedd eleni wedi bod yn brysurach byth. O leiaf mae Cadog wedi aeddfedu rhyw gymaint a heb fynnu dychwelyd at Santa a'i geirw yn Lapland.

Na, doedd ei mab ddim wedi ffoli'n lân ar y dadbacio boreol eleni ac yntau wedi derbyn bellach nad oedd hud yn perthyn i'r Ŵyl wedi'r cyfan. Roedd Sarah wedi gweld y siom yn llygaid ei gŵr wrth iddo ei wylio'n ffugio ei syrpréis pan agorodd ei *Xbox*, ond roedd hi wedi teimlo'n ddigon balch mai un anrheg mawr oedd cais eu mab, yn hytrach na'r cant a mil o deganau bychan fyddai ar ei restr arferol.

Â'r *Prosecco*'n dal i lifo, mae'r cymdogion fel pe baen nhw'n fwy parod na'r arfer i rannu hanesion mwy personol eu naws. Efallai mai'r adeg o'r flwyddyn sydd i gyfri'n rhannol, ond mae pawb am wisgo'u calonnau ar eu llewys wrth rannu bendithion a phoenau'r flwyddyn a fu.

Mae Brad, yr hyfforddwr nofio sy'n byw dri drws i ffwrdd, yn bryderus am ei fam sy'n dioddef o dementia ac sydd ddim yn ffit, yn ôl pob tebyg, i fyw ar ei phen ei hun. Tynnu ei grys dros ei ben mae Andrew gan ddangos ei datŵ diweddaraf, llun o lew, sydd reit ynghanol ei gefn i bwy bynnag sydd â diddordeb.

Yna, dechreua ambell un rannu sut y gwnaethon nhw gyfarfod â'u cymar. Teimla Sarah fesur o ryddhad nad ydi Geth yn datgelu manylion y noson feddw yna yng Nghlwb Ifor ar noson ei seremoni raddio, yr holl flynyddoedd hynny'n ôl. Dydi hynny ddim yn fusnes i neb.

Buan mae'r dieithriaid yn rhannu eu haddunedau blwyddyn newydd i weddill y criw hefyd. Mae sawl un yn honni y byddan nhw'n ymroi i redeg deirgwaith, o leiaf, yr wythnos, gyda Joanna, rhif pymtheg, am redeg ei hanner marathon cyntaf yn y gwanwyn, meddai hi.

Gwenu'n llydan mae Mared, yr athrawes, wrth ddatgan y bydd hi'n gadael byd addysg, er mwyn agor caffi yn yr hen siop bysgod pan ddaw'r flwyddyn newydd. Beth nesaf?! Cydia ei gŵr amdani'n dynn gan nodio ei ben yn gefnogol.

Mae Sverrir, sy'n byw yn y tŷ â'r tŵr, yn benderfynol o arallgyfeirio fel awdur llawrydd gan amcanu i ysgrifennu pum can gair bob bore fel man cychwyn. Helpu yng nghegin gawl y gymuned wnaiff Charlotte, meddai hi. Cadw'n dawel wna Sarah ynghanol yr holl siarad rhwysgfawr. Er ei bod hi'n croesawu trothwy pob blwyddyn yn eu tro, dydi hi ddim yn un sy'n addo unrhyw beth i neb.

Wrth i'r noson fynd rhagddi, mae Geth yn taro ochr ei

wydryn (sydd fwy neu lai yn wag), gan gynnig llwncdestun i flwyddyn arall. Teimla Sarah bang o banig wrth i'r ystafell ymdawelu.

Ar ôl diolch yn llaes am amynedd eu cymdogion yn ystod yr adeiladu, aiff Geth ati i fynegi eu bod nhw i gyd un cam yn agosach at y bedd erbyn hyn. Chwardda ambell un yn gwrtais i'w gwydrau, ond gwinga Sarah at ei ddiffyg chwaeth wrth iddi ddal llygaid Nesta sy'n mwytho ei modrwyau. Oedd blwyddyn wedi bod…? Meddylia Sarah at y foment y cafodd corff ei thad yng nghyfraith ei ollwng i'r pridd tamp yna o dan eu traed, a phawb yn syllu i lawr, i lawr…

Yna, rhuthra Cadog i'r gegin gyda'i gyfnither, yr efeilliaid a rhai o blant eraill y gymdogaeth yn dynn wrth ei sodlau. Does neb wedi bod yn holi am hanes y plant trwy gydol y noson, a diolcha Sarah yn dawel bach nad oes damwain wedi bod. O leiaf mae Nesta'n gwenu eto wrth i Cadog sodro bocs anferthol o gracyrs o flaen ei nain. Y tu ôl iddo, mae hoff ffotograff Sarah ohoni'n ei fwydo ers talwm. Cyhoedda ei mab, yn llawn hyder, y dylen nhw dynnu gweddill y cracers, o ystyried bod y Nadolig drosodd erbyn hyn. Does gan Sarah fawr o amynedd, ond mae'r cwmni'n awyddus i gydymffurfio. Dim ond gobeithio y bydd pethau'n dirwyn i ben yn naturiol ar ôl eu tynnu.

Mae pawb yn mwynhau eu hunain wrth i'r cracyrs ddatgelu'r hetiau papur, y jôcs diddychymyg arferol a'r teganau plastig. Pysgodyn bach oren, tryloyw, sy'n swatio yng nghracyr Geth – arferiad Tsieineaidd o ddatgan cymeriad pobl, yn ôl pob tebyg. Caiff pawb dro i'w ddal yn eu llaw, a daw bonllefau o chwerthin wrth i'r pishyn plastig honni bod ambell un yn rêl fflyrt, tra bod eraill yn anniben neu'n glwth.

Caiff Sarah ei chymell gan Geth i gael tro. Mae cledr ei llaw yn chwyslyd a phoeth wrth iddi deimlo llygaid pawb arni. Unwaith eto, teimla'n flin gyda'i gŵr sy'n chwerthin o'i hochr hi, heb fath o syniad ei bod hi'n ysu am i'r noson ddirwyn i ben a chael cau'r drws ar y stryd.

Personoliaeth ffug sydd gan Sarah, mae'n debyg. Dyna ddedfryd y pysgodyn powld. Teimla ei gruddiau'n poethi, gan deimlo'n wirion bost o ystyried mai darn di-ddim o sbwriel llipa yng nghrombil cracer sy'n ei phardduo'n gyhoeddus fel hyn. Chwardda rhai o'r gwesteion, gan gynnwys Nesta sy'n gorweddian yn ei chadair, a Geth sy'n trio tywallt mwy o'r diod melys melltigedig yna i'w gwydryn. Tynna hithau'r rhimyn i'r ochr gan beri i'r sudd tywyll lifo'n lifeiriant ar hyd yr ynys. Mae hi am i'r llawr ei llyncu hi'n un.

Mwyaf sydyn, mae llais unigol i'w glywed yn codi dros y mân siarad. Nesta sydd wrthi. Diawlia Sarah ei mam yng nghyfraith wrth ei gwylio hi'n codi'n drafferthus gan bwyso ei baglau'n ddi-hid yn erbyn ffrâm y llun o Sarah a'i mab, â'i gwydryn yn gwyro'n ei llaw. Yn fuan, mae'r gegin i gyd wedi tawelu fel ystafell ddosbarth wrth i'w llais godi'n grynedig:

Mae'r ddaear yn glasu,
A'r coed sydd yn tyfu,
A gwyrddion yw'r gerddi,
Mae'r llwyni mor llon…

Dydi Sarah ddim yn siŵr lle'n union i edrych. Ai fel hyn roedd hi'n arfer gneud hefo'i disgyblion ysgol druan, i fyny yn y gogledd? Teimla ei gruddiau'n poethi. Hen lol ddiangen. Beryg mai'r *Prosecco* sydd wedi mynd i'w phen, a hithau heb arfer llymeitian.

Mae rhyw ddicter yn cydio ynddi wrth i Nesta barhau â'i chanu gwirion. I beth mae'n mynnu tynnu sylw ati hi ei hun fel hyn? Mynnu llusgo rhyw draddodiad hen ffasiwn, Cymreig i'w chartref hi, fel tase hi'n rhedeg y sioe? Pa hawl sy ganddi? Fydd tri chwarter y cwmni ddim yn deall gair o'i phen, p'run bynnag!

Penderfyna mai gwenu'n gynnil a dangos lled werthfawrogiad o gân ei pherthynas ecsentrig wneith hi. Cwyd y llais crynedig yn uwch wrth i'r canu barhau:

Mae'r ddaear fawr ffrwythlon
A'i thrysor yn ddigon
I borthi'i thrigolion
Yn dirion bob dydd;
Pe byddem ni ddynion
Mewn cyflwr heddychlon
Yn caru'n un galon
Ein gilydd!

Syndod i Sarah ydi'r bonllef o gymeradwyaeth frwd sy'n dilyn. Gwena Nesta'n llydan, fel petai hi ar lwyfan yr Albert Hall. Yn amlwg, mae'r fideo *TikTok* yna wedi mynd i'w phen.

O'r diwedd, mae'n amser i'r cymdogion ei throi hi, gyda sawl un yn jocian y byddan nhw yn eu gwlâu, mae'n siŵr, cyn i'r cloc daro deuddeg eleni eto. Er diléit i Nesta, mae ambell gymydog yn honni eu bod nhw am ganu calennig fel criw o gwmpas y clos yn y bore, wedi eu hysbrydoli gan ei chân.

Wrth gwrs, dydi Nesta ddim wedi trefnu cael tacsi i fynd â hi'n ôl i'w fflat. Disgwyl i Geth ei chludo hi mae hi, yn ôl ei harfer, ond prysura Sarah i'w hatgoffa ei fod o wedi drachtio llawer gormod o alcohol yn ystod y noson.

"Wel, Blwyddyn Newydd Dda, Sarah. Un brysur i ddod, yn tydi? Ma' hi wedi bod yn braf iawn dod i nabod y cymdogion yn well." Cyhoedda Nesta ei haraith fer gan ddal yn dynn ym mraich ei mab, sydd wrthi'n ffonio am dacsi â'i law rydd.

Am ennyd, mae'n taro Sarah fod ei mam yng nghyfraith yn edrych yn hŷn, fel petai'r godwm annisgwyl wedi cipio blynyddoedd oddi arni.

"Pob gofal o'r un bach 'na rŵan, ynde?" Pwyntia Nesta at ei bol gan fygwth ei anwesu. "Cargo gwerthfawr…" Ac allan â hi dow dow gyda'i chamau bach trafferthus a'i ffon. Fel petai hi'n trio ensynio nad ydi hi'n ffit i edrych ar ôl ei hepil ei hun! Anadla Sarah yn ddwfn wrth weld ei chefn.

Mae'n gadael i'w gŵr ymroi i'r dasg o ddychwelyd y cotiau wrth ffarwelio'n flinderus yng ngheg y drws. Does ganddi ddim math o awydd sefyllian yn yr oerfel, a'i syniad hurt o oedd y noson, beth bynnag. O leiaf mae'r parti, fel y flwyddyn, ar fin dirwyn i ben.

Pan ddaw Geth yn ei ôl, bydd o'n dweud wrthi ei bod hi'n amlwg wedi blino, y dylsai ei throi hi am y gwely, ond mae hi am gael y gegin yn ôl i drefn. Thâl hi ddim iddi ddechrau blwyddyn newydd â'r gegin newydd yn un blerwch fel hyn.

Ar hyd y llawr, mae 'nialwch y cracyrs yn dwmpathau blêr. Chynigiodd neb help llaw, ddim hyd yn oed Carol. Mae Sarah wedi ymlâdd a daw awydd drosti o nunlle i gydio yn un o'r poteli a'i tharo'n deilchion ar lawr – ei chwalu'n filoedd o ddarnau mân.

Wrth iddi roi'r llestri i gadw yn yr ail beiriant gwag, meddylia am honiad powld y pysgodyn. Yn hwyrach, wedi'r holl dacluso, a hithau yn y gwely, mae'r olygfa'n dal i chwarae ar flaen ei meddwl. Eto ac eto ac eto, mae'n ail-fyw y foment pan gyrliodd y gynffon hir yna yng nghledr ei llaw, o flaen pawb. Ydi hi'n berson felly? Ai person ffug ydi hi? Cysga Geth yn ddi-lol wrth ei hymyl, ei anadlu'n feddal. Fedr hi ddim ei ddeffro i ofyn y fath gwestiwn. Byddai hynny'n hurt.

Â'r tân gwyllt yn dal i dasgu, gresyna Sarah ei bod hi'n dal yn effro. Mae rhythm sgrechiadau cyson pell ac agos rocedi'r hwyr yn ei hatgoffa o ffrwydradau'r bomiau mae'n eu hwynebu'n blygeiniol ar ffrwd ei *Insta*, ymysg y triniaethau holistig, y lampau llawr *bespoke* a'r prydau cartref figen diweddaraf; yr erfyn parhaus yna ar i bobl, fel hi, dyrchu i'w pocedi, i fod yn hael, i estyn llaw i rai llai ffodus.

Yn y fideo cyntaf, wrth iddi frwsio ei dannedd y bore hwnnw, roedd tŵr mosg yn gwegian yn ansad ynghanol rwbel a gwraig ifanc yn siglo yn ôl ac ymlaen, golwg wedi hurtio'n llwyr ar y ddynes druan. Wrth ei hochr, roedd dyn yn anwesu corff bach llipa mewn lliain oedd wedi ei socian gan waed. Bomiau'n taro'n ddidrugaredd ar ddinas yn y Dwyrain Canol oedd yr un nesaf, a'r holl bobl druenus yna, yn eu miloedd, eu cymdogaeth a phob dim cyfarwydd ar chwâl, a'r plant bach troednoeth yn cyrcydu yn eu pebyll truenus, ar ben eu hunain yn y byd heb unlle i ffoi…

Penderfyna Sarah ddringo i'w chroglofft newydd er mwyn cael newid meddwl. Dyna'r ateb bob tro pan fydd hi'n cael trafferth cysgu fel hyn – codi a chamu i ofod arall yn y tŷ. Ar ben y grisiau, mae Ianws ddauwynebog yn ei chyfarch o'i ffrâm euraidd. Mae'n lled wincian yn ddeheuig arni gan gynnig ei ddechreuadau newydd.

Teimla'r carped yn feddal braf o dan wadnau ei thraed. Anela am y ffenestr lydan sy'n cyffwrdd hyd at y llawr ac sy'n ei galluogi i edrych ar erddi'r gymdogaeth oddi tani. Mae'r tân gwyllt yn sgeintio ar hyd awyr y nos gan wneud i'r dref ddi-liw yma edrych, am unwaith, fel lle dymunol a digon del.

Agora Sarah y ffenest led y pen gan ddrachtio'r awel oer. Mae aroglau mwsogl, pridd a thân yn llenwi'r aer a gall deimlo'r bywyd bach newydd y tu mewn iddi'n rhoi tro.

Am ryw reswm, mae cân anghyfarwydd ei mam yng nghyfraith yn chwarae ac ailchwarae yn ei meddwl wrth iddi edrych heibio i'w hadlewyrchiad gan hoelio ei sylw ar y tirlun. Edrycha ar y siglenni a'r trampolîns; y byrddau ar y patios a'r parasôls ar lawr; y potiau bach blodau'n rhesi twt, y siediau pren, twba poeth Carol a'i gaead plastig ac ambell goeden Nadolig lipa ar lawr. Am funud, dychmyga ei hun fel rhyw farwnes mewn drama deledu hanesyddol yn arolygu ei chymdogaeth werinol islaw, gyda phob darn o dir fel rhannau o glytwaith, yn undod trefnus.

Mae'r dref i gyd ar ddangos, fan hyn, bron iawn – y rhannau gogleddol ohoni, beth bynnag. Gwêl sgwariau o oleuadau bach yn y ffenestri sy'n brawf o fywydau ei chymdogion. Dychmyga Carol rŵan, yn ei chegin fach yn morol am baned iddi hi ei hun cyn noswylio. Yn y pellter, gall weld gwifrau'r peilonau'n cysylltu â'i gilydd ac amlinelliad y toeon a'r mynyddoedd yn dirlun cyfarwydd. Bryniau digon isel ydyn nhw – dim byd rhy uchelgeisiol. Daw teimlad cysurlon i'w meddiannu. Braf fyddai tro bach ar eu hyd cyn hir fel teulu, meddylia – yfory efallai – ar drothwy blwyddyn newydd.

Yn sydyn, mae teimlad unig yn dod drosti wrth iddi edrych i lawr ar y toeon llechi a'r gerddi llonydd, wrth i flwyddyn arall ollwng ei gafael. Caiff ei tharo gan arwahanrwydd pawb o'i chwmpas – pob un â'i glwt o dir a'r un tir mawr wedi ei dorri'n rhannau bychan bach, fel bylchau ar gêm fwrdd.

Teimla rywbeth arall hefyd wrth iddi wylio'r flwyddyn yn troi dalen lân, wrth iddi sawru'r foment, wrth iddi weld y sêr a gewin o leuad newydd; rhyw fath o ddiléit plentynnaidd sy'n cydio ynddi, ynghyd ag ymdeimlad o fodlonrwydd diarth sydd fel petai'n ei meddiannu, fwyaf sydyn.

Cydia'n reddfol am ei chanol a pharhau i syllu ar y fflachiadau lliwgar sy'n ddawns flêr o'i blaen, wrth iddi sibrwd ei hadduned i awyr y nos.

DAGRAU CLOWN

"Dad?"

"Ia, pwt?"

Dwi'n trio swnio fel tasa ddim math o otsh gin i, ond ma 'nghalon i'n neidio rhyw fymryn pan glywa i ei llais hi'n llenwi tawelwch y fan.

"Ydi tylla yn y clustia'n brifo?"

"W, cwestiwn da..."

"O'dd Scarlett yn deud bod o wir yn..."

"Hm... Bosib."

"O'dd hi'n crio am *ages* ar ôl ca'l rhai hi."

"O'dd wir?"

"A'th 'i *butterfly clip* hi'n sownd – reit mewn! O'dd gync a gwaed a stwff yn dod allan o'r twll. O'dd raid iddi fynd i 'sbyty a bob dim!"

"Scarlett druan... "

"Fydd o'n brifo pan dwi'n ca'l nhw?"

"O, well i ti ofyn i dy fam. Fydd hi'n gwbo, sti."

"Mam yn deud bo fi'n gallu ca'l un yn botwm bol fi 'fyd, unwaith dwi'n Blwyddyn Naw."

"Hm, dwi'n meddwl fod o wir yn brifo fan 'na, pwt."

"Fydd o'n cŵl. Un yn trwyn fi 'fyd. Os dwi wir isio... A dwi isio..."

Dwi'n llithro i'r dreif yn nhŷ ei ffrind, gan glywed y cerrig bach chwaethus yn crensian dan y teiars.

"Dad...?"

"Ia, pwt?"

"Plis paid galw fi'n hwnna... 'Pwt'. Dwi ddim yn 'pwt'! A paid â'i ddeud o o flaen Cads – gaddo?"

Dwi'n nodio'n ufudd.

Wrth barcio'r fan rhwng y ceir, ma Esme'n dechrau piffian chwerthin. Gwylio'r fideo *Alpaca Power* 'na ma' hi eto. Ma hi'n dangos ei ffôn i fi. Fan'na ma'r hen ddynas fawr hoffus 'na yn ei siacad flewog, biws. Wedi samplo ma'i geiria hi, "It's a hundred percent Welsh alpaca wool, bach!", eto ac eto i rythm y rap... Fideo feiral arall – dros bum miliwn 'di wylio fo erbyn hyn!

Dynes sy'n byw yn dre 'ma 'di hi 'fyd, ma'n debyg. Siŵr wela i hi rywbryd o gwmpas y lle. Ma'r ddau ohonon ni'n g'neud ein dawns arferol i gyfeiliant y gân ac yn glanna chwerthin. Wrth fy modd hefo'r ffordd ma'r ffona 'ma'n medru'n tynnu ni at ein gilydd.

Cyn agor drws y fan iddi, dwi'n mentro holi am ei mam a ma hitha'n gollwng y gath o'r cwd. Ei ddeud o jest fel'na mewn rhyw lais ffwr-â-hi-dim-otsh-o-fath-yn-y-byd...

"Wel, ma' Gerald yn symud i mewn w'thnos nesa, Dad."

Dwi'n troi i'w hwynebu hi.

"O't ti'n gwbo hynna, reit Dad?"

Llyncu 'mhoer...

"Ma Mam yn deud mai fo 'di'r 'Un'."

Fel 'na ma hi'n cyhoeddi'r peth. Fel tasa hi'n rhannu efo fi be geith hi i ginio yn y cantîn nes 'mlaen.

"Hynna'n neis iddi, pwt..."

"Ma hi'n canu drw'r amsar rŵan, Mam."

Fi o'dd yn arfar canu – yn y tŷ gola braf 'na brynon ni'n dau... Cofio fel 'sa ni'n dawnsio ein tri – rownd a rownd y gegin fysan ni'n troi a syna'r *Alexa*'n llenwi'r lle. Seinia cawslyd o'r nawdega a llygaid Charlotte yn sgleinio'n hapus, reit i fyw fy llygad i. Esme'n chwyrlïo a chwerthin yn y canol wrth iddi gydio'n dynn yn ein dwylo ni'n dau.

"Mae o *wir* yn mynd ar 'y nerfa fi, Dad."

Ai cyfeirio at ganu ei mam 'ta Gerald a'i grysa tyn ma hi? Dwi'n brathu 'nhafod cyn i fi ddeud rhwbath blêr. Wedi dod yn hen law ar gadw'r petha 'ma dan glo erbyn hyn, yn dydw? Felly, ma'r boi ar fin fflïo i glydwch y nyth. O'dd o'n bownd o ddigwydd rwbryd, beryg.

Ma Cadog yn agor y drws ffrynt ac yn sbio'n bwysig i gyd ar y ddau ohonon ni dros rimyn ei sbecs bach crwn Harry Potter. Wrth ei draed, ma' pâr o efeilliaid bach ifanc. Ma un yn biws o'i gorun i'w sawdl ac yn chwifio hudlath Cadog uwch ei ben yn wyllt. Melyn 'di'r llall, hefo het bigog fel ei frawd. Rwdlan a'r Dewin Dwl dwi'n cymryd.

Gwisgo fel Lord Voldermort ddaru Esme, chwara teg i'r hogan. Fel fi, ma hi wastad 'di joio'r math yna o beth. Yn dawal bach, dwi'n meddwl ei bod hi isio ennill y wobr am y wisg ora, rŵan bo hi ar fin gorffan yn y cynradd. Dwi fawr o help hefo'i gwaith catra, nac 'dw, ond ma dwrnod fel hwn yn gyfla bach i fi neud fy rhan.

Ma wyneb Esme'n wyn fel y galchan (paent wynab a blawd – gweithio fel biwtar bob tro), cap nofio lliw croen ar ei phen a dwi 'di sodro neidar blastig hir rownd ei gwddw. 'Nes i ordro clogyn jest mewn pryd hefyd a dwi 'di gwasgu ei thrwyn hi'n fflat fel crempog hefo mymryn o dâp. Cofio fel 'sa ni'n arfar darllan y gyfras i gyd hefo'n gilydd 'stalwm – bob gyda'r nos fysan ni'n mynd drw hud coridora Hogwarts ein dau.

Teimlo fatha ddoe ddwytha, pan o'n i'n taflu *rice krispies* i'w cheg hi yn y boreua a'i choesa bach hi dan y bwr ddim eto'n cyffwr y llawr.

O'n i'n canmol fy hun ar ôl ymdrach y gwisgo i fyny, ond pwdu wrth f'ochr i yn y fan ddaru hi. Fi o'dd ar 'i hôl hi ben bora ar ôl llwytho'r cefn ma'n siŵr, a dwi'n anghofio bod y siwrna gymaint yn hirach, rŵan bo fi 'di gorfod symud o dre i ga'l rhent callach. Ma hi 'di madda i fi erbyn hyn, beth bynnag. Diolch byth am hynna, achos fydda' i'm yn ei gweld hi rŵan am dridia arall, na fydda? Y llys sy'n ca'l y gair ola, bob tro, ddim *plebs* fel fi.

"Ty'd fewn o'r glaw 'na, Ceri." Dyn siwt-a-thei 'di'r tad. Un o'r tada 'na sy'n loetran ar odra bywyda ei blant, sy byth yn t'wllu giatia'r ysgol. Sut berthynas s'gin hwn â'i wraig, tybad?

"Caea'r drws 'na, ia," ma'n ychwanegu. "'Dan ni'm yn byw mewn cae!"

I mewn â fi. Waeth i fi heb. Ogla sinamwn yn fy nharo i yn y cyntadd. Dwi'n g'neud yn siŵr 'mod i'n tynnu'r drws trwm ar fy ôl, tra bo Esme'n ei heglu hi'n syth am yr horwth cegin. Dwi'n bodloni ar loetran yn y darn dim byd yna rhwng y tu allan a'r tu mewn, ynghanol y cotia a'r 'nialwch, tra bo Rwdlan yn cosi 'nghoesa i hefo'i hudlath.

"Oi, chdi!" dwi'n deud wrth y wrach bach cyn tynnu 'nhafod arno fo'n chwareus.

"Yr hogia 'ma... O drws nesa ma' nhw," cyfeiria braidd yn ddiamynadd at y rhai bach sy'n llamu o un ochor y cyntadd i'r llall.

"Yma jest tan bod eu mam yn cyrradd adra... 'Di gyrru Sarah i'r clinig bwydo ma hi – methu gyrru am 'chydig ers y *caesarean*... I fod 'nôl yn munud – croesi bysadd 'de! Gwaith gan rai ohonan ni, does? Blêr 'ma hi braidd, fel ti'n gweld, ers y babi... "

Ma'r lle'n edrach fel gwesty pum seran.

"Sut ma' hi...?" dwi'n holi. Methu cofio enw'r babi...

"Dechra rhoi pwysa 'mlaen rŵan, er, dim diolch i'w nain 'de! Trio ca'l Sarah i roi potal ma hi. Sarah mor amyneddgar efo hi, chwara teg. Gollwng poteli *Cow & Gate* bob tro ma hi'n landio 'ma. 'Di hi'm yn gall!"

Wrth ladd ar ei fam, ma'n gwenu'n llydan. Fyswn i'n gwenu fatha cath o Gaer hefyd taswn i fel hwn hefo'i fywyd perffaith.

"Y gwisgo i fyny 'ma'n bach o boen, ti'm yn meddwl?" Ma'n gweiddi arna i o'i uchelfanna eto. "'Dy'n nhw'n trio rhoi'r farwol i ni? Un peth ar ôl y llall y mis 'ma!"

Dwi'n ama nad ydi o'n g'neud fawr o ddim i helpu'r achos, mond talu am be sy rhaid. Ond ma gin y dyn bwynt. Gormod yn y calendr ar y funud – hynny'n syrt – 'mhen i'n troi fel top efo'r *WhatsApp* rhieni yn ping pingio bob dau funud.

Ma'n dechra hefo bang ar Fawrth y cynta. Top rygbi 'leni am y tro cynta a'r hen het ddu dal 'di ca'l ffluch. Dydd y trwyna coch wedyn. O leia' ma gen i stoc o'r petha bach crwn yn handi. Pen-blwydd Esme ydi'r peth pwysica yn y mis bob tro, wrth gwrs. Plentyn y gwanwyn, ond 'di hi'm isio i fi fod wrth y llyw y tro 'ma. *Pamper party* wedi ei drefnu'n barod gan ei mam. O'dd o bownd o stopio rywbryd.

Ma Esme a Cadog yn brysur yn cymharu gwisgoedd a ma' Esme'n ddigon o sioe. Ella dylswn i anfon llun ohoni i'w mam... Cyn i fi neud, ma hi ar y blaen i fi a ma'r ddau'n gwenu'n fawr ar y lens cyn ffidlan efo'r ffilters. 'Dolig ga'th Esme ei ffôn. Ma hi'n ffonio am sgwrs reit amal ac yn anfon gymint o negeseuon a *gifs* bach annw'l ata i.

Dal i sychu ei ben hefo'i dywal hufennog ma'r tad. Ma'n sychu'n ofalus – yn cyffwr ymyl ei wallt mewn ffor fwya bwriadus... Dyna pryd dwi'n sylwi – 'Nabod wig pan dwi'n gweld un, tydw!

"Felly, be ti'n meddwl o'n ymdrech i, ta?"

(Sut maen nhw'n ei 'neud o? Ai gludo'r wig yn syth ar y talcan 'ta symud y blewiach o rwla arall? Dwi'n craffu i drio gweld yn well ond mae o'n rhy bell i ffwr.)

"Cads yn edrach yn dda, dydi?" (Dyma fo'n dod i lawr y grisia rŵan.) "Ylwch arna chi – ti'n union fel y *baddie* 'na, Esme, chwara teg. Dad ro'th help llaw, ia? Nid pawb sy'n ddigon lwcus i ga'l 'clown proffesiynol' fel tad, naci?"

Dwi'n gorfodi gwên fach. Wig, yn sicr. Ma'n foi tal, hwn, a dwi'n gwbo 'mod i'n fyr, ond mae o'n edrach i lawr arna fi, fel tasa fo newydd gerddad oddi ar glawr *GQ*. Ydi o'n gwisgo *make up* hefyd? Ma digon o fois sy'n 'neud. Jest paent *Snazaroo* i fi.

O'dd hi'n arfar licio 'nelwedd i, Charlotte. Dyn creadigol mewn lledar a *DM'S* yn mynd ar y trên am ei glyweliada yn Llundan a ballu. O'dd o'n siwtio hi 'mod i adra gymint hefyd. Cyfleus pan ma gen ti hogan fach i'w hebrwng i'r feithrinfa, wedyn 'rysgol, gwersi ar ôl ysgol ac ati ac ati...

Buan ddo'th hi'n amlwg mai dyn mewn siwt o'dd hi'n licio go iawn. Ddaru fi drio gwisgo'n smart fy hun amball waith, yn tŷ erbyn 'sa hi adra am swpar, jest i'w sypreisio hi. Ond do'dd cogio bach ddim 'run peth.

O nunlla, dwi'n teimlo fel rhybuddio hwn â'i dŷ dol a'i

wig fod pob dim yn gallu mynd o chwith mewn eiliad. Ma rhywun yn medru ei chael hi mor hawdd mewn bywyd, teimlo'n ddiogal braf, ond ma'r carpad yn gallu 'sgubo jest fel'na o dan eich traed, nes bo chi'n glanio'n glewt ar eich cefn.

Digwydd yn handi ddaru fo. Y gada'l fynd a dim troi'n ôl. Hitha'n gweld mwy ar ei chriw gwaith dros ddrincs erbyn hynna. Ddaru'r brics ddechra codi fesul un ac un, nes yn y diwadd, o'dd 'na wal solad rhynthan ni. A phan o'n i'n methu g'neud iddi chwerthin ar ddiwadd y dydd, wel... o'dd y diwadd rownd y gongol, yn do'dd? Wedyn, ddaru geiria'r cyfreithwyr ddechra landio'n bentyrra blêr, wrth i ni drio'n gora i ddal ein gafa'l ynddi hi. Esme druan.

Ma'r ddau'n hel eu haffla rŵan a dw inna'n sefyllian yn lletchwith yn y dreif fel y bydda i bob tro, cyn i fi orfod troi 'nghefn a'i gada'l hi i gerddad yn 'i blaen. Deuddydd arall o fod hefo Esme drosodd jest fel'na. Amsar yn mynd fel cath i gythra'l.

Ma 'nghalon i'n dyrnu mynd pan dwi'n cofio na cha i ei gweld hi rŵan am dridia. Fydda i'n meddwl withia, be ma hi'n feddwl ohona i? Anoddach ei darllan hi'r dyddia yma. Ma hi fel llyfr sy'n bygwth cau'n glewt yn fy ngwynab i. 'Stalwm o'dd hi'n arfar bod mor falch ohona fi. Finna'n cadw ei ffrindia'n hapus wrth iddyn nhw ddathlu cerrig milltir eu pen-blwyddi hefo'n help i. Fysa ganddi ddim cwilydd o'r fan liwgar *Ceri the Clown* a'r cartŵns babïaidd ar hyd ei hochra. 'Sa hi'n rhedag ata i pan 'swn i'n mynd i'w nôl hi o'r ysgol. O flaen pawb, fysa hi'n rhedag. Ei gwên hi'n g'leuo'r iard a'i phlethi bach hi'n bownsio.

"Hei! Ti'n werth y byd, pwt," dwi'n deud 'thi rŵan,

fel fydda i bob tro cyn mynd. A dwi'n trio edrach i fyw 'i llygid bach prysur hi, jest iddi fedru cofio be dwi'n ddeud, cyn i'w ffrind ddeud rhwbath difyrrach. Ma cyswllt llygid mor bwysig. Dyna o'dd y peth cynta i fi ddeud wrthi erioed. "Ti'n werth y byd." A ma hi, yn tydi?

Pan dwi'n cofio am y dyddia desbret yna – yr holl sgans a'r poeni… Un siom ar ôl y llall… O'dd o fel tasa ni'n dau yn dal ein gwynt, yn ofni be o'dd rownd y gongol a'n gofidia fel cadar siglo, yn mynd 'nôl a 'mlaen, ond eto, ddim yn mynd i nunlla.

Wrth rifyrsio'r fan, ma 'na un dywysoges a Batman ar ôl y llall yn 'sgubo heibio i fi ar eu sgwters a'u beics. Gymaint o sŵn bob man. Fydda i prin byth yn clywad yr adar yn canu yn dre 'ma. Jest hymian ceir, clebar pobol yn siarad, gwaith adeiladu. "I chdi ma'r adar yn canu, Ceri bach," fysa mam yn arfar sibrwd yn 'y nghlust i wrth i ni fynd am dro yn y caea 'stalwm. "I chdi…" Siocled poeth bach yn *Lou's* ar ôl bod… jest i Mam a fi.

Ma rhiant amball un yn rhedag ar eu hola rŵan, yn cyfarth arnyn nhw i stopio cyn croesi. Ma' siŵr fod rhai o'r rhieni 'ma'n ca'l affêrs hefo'i gilydd, dwi'n mynd i feddwl… Wedyn, dwi'n dal fy llun yn nrych y fan. Golwg heglog, hyll, fel hen gedor arna fi.

Y mama, gan fwya, sy'n heglu heibio i fi ar y pafin prysur. Cymdeithas yn licio honni petha mawr, ond y mama sy'n dal wrthi, gan fwya. O'n i am fod yn wahanol, yn do'n, 'blaw 'swn i'n teimlo'n rêl ffŵl yn sefyll ar yr iard lwyd 'na ar ben fy hun yn y *pick ups*. Withia, 'swn i'n cogio bach 'mod i ar ganol sgwrs ffôn, jest er mwyn edrach yn llai unig. Ma'r mama yn gallu bod yn rêl jadans yn eu corlanna bach caeedig.

Gig gen i heno a dwi'm yn cwyno, nag 'dw. Gwaith 'di prinhau, ma hynna'n syrt. Y *flyers* dw i 'di taflu bob man rownd y dre 'ma 'di neud affliw o ddim i'r busnas. Angan i fi gadw f'egni, beryg. Mynd bach yn hen i'r clownio 'ma. Parti saith oed tro 'ma. Dosbarth cyfa. Tri deg tri ohonyn nhw'n bownsio ar y walia'n wyllt ar siwgwr. Amball i riant yn heclo siŵr o fod – 'sa byth 'run wan jac yn diolch. Fydd o'n hegar… Hei! llai o gwyno boi – trwyn coch ar y maen, Ceri! Gwên ar dy wynab! Bilia i'w talu a ballu a ballu…

Yn y fan, dwi'n mynd trw'r *repertoire* yn fy mhen yn ôl fy arfar, er 'di'r sioe ddim 'di newid fawr ddim. Cadw at y plan sy wastad galla. Chwythu'r siapia arferol i mewn i'r balŵns, peiriant swigod, disgo bach 'beth 'ma' ar y diwadd, amball i dric – math yna o beth. Os 'dio'n gweithio…

Ma cefn y fan yn llawn bocsys a stwff. Prin fedra i weld drw'r ffenast a deud y gwir. Trip i'r dymp bore 'ma. Charlotte sy 'di bygwth llai o ddyddia eto fyth. Eith hi'n ôl i'r llys os bydd rhaid, medda hi. Deud fod y fflat ddim ffit i foch.

Rhyw chwiw sy'n dod drosta fi pan ma'r gwactar jest yn ormod, pan ma'n byta fi tu mewn… Ma'r stwff yn edrach yn sgleiniog neis ar y We bob tro, ond munud ma nhw'n glanio… Y *drone* saith can punt o'dd y peth mwya gwirion, ma siŵr. Y bwrdd syrffio'n ail agos. Gitâr bâs wedyn a finna heb gliw sut i chwara'r peth. Cameras drud â'u lensys hir… 'Myrath 'di o, medd Charlotte, ond ma'n iawn arni hi'n ca'l 'i lordio hi yn yr hen dŷ, yn tydi?

Fydda i'n teimlo weithia fel 'sa walia'r fflat 'na'n bygwth cau amdana fi, fatha arch, fel 'swn i ar fin mygu. Ffasiwn hiraeth am yr aelwyd ola braf yna ddaru ni greu hefo'n gilydd. Adra o'dd fy nhaith ora fi... Peintio'r walia i gyd yn wyn, wyn ddaru ni, fel llechen newydd, lân.

Ai fel'na ma' Esme yn teimlo pan ma hi'n aros yn ei 'stafall fach hi? Ai mygu ma hi dan yr holl filia a magasîns sy 'di pentyrru heb eu hagor? Be ma hi'n ddeud wrth ei mam, unwaith ma hi'n ôl efo hi? Mond fersiwn o'r gwir ma hi'n fodlon ei roid i'r ddau ohonan ni. Lladd ar y llall, neu ganmol gormod, er mwyn i'r llall deimlo'r genfigen hyll 'na'n cnoi.

Dwi'n aros wrth y gola. Wrth y groesfan ma 'na ddyn mewn oed yn dal llaw dynas sy'n hercian cerddad. Bag colostomi yn ista'n ddigywilydd rownd ei chanol, druan. Ma'r dyn yn cydiad yn dynn, dynn yn ei llaw wrth ei harwain hi i'r ochor draw. Dal ar y cyfla i tsiecio'n ffôn yn gyflym... Newydd ymuno efo'r *app* dêtio 'ma ydw i. Pobol erill fel fi. Neb 'di sweipio heddiw eto fyth...

Sut arall ma' g'neud ffrindia a finna'n ddyn sengl? Propio'r bar? Dw i'm yn bwriadu g'neud hynna, ar ôl ei weld o'n gwastraffu ei nosweithia'n yfad, na'dw? Newidiodd o mo'r un napi yn ei fywyd. Newidiodd o mo'i ffyrdd, chwaith. Nid fi o'dd yr hogyn o'dd o 'di isio cael. Fi a 'ngwersi downsio ac actio gwirion. "Actio'r ffŵl w't ti eto!" fysa fo'n ei ddeud hefo'r olwg galad 'na'n ei lygid. D'wllodd Dad 'run sioe ysgol. Ddim un...

Ond ro'dd hi fel y graig. Mam annw'l. Hi fysa'n g'neud pob dim, a mwy. Cofia fel 'sa hi'n arfar rhoi nodiada bach clên yn ein bocsys bwyd, dangos i ni sut i fynd yn ein blaena ar y beics wrth i ni bedlo a disgyn am yn ail, sychu pob deigryn... A 'sa hi'n 'neud pob dim a hynny mor hapus, fel tasa affliw o ddim byd yn ormod o draffarth iddi.

Fel Mam dw'i am fod. Nid fo.

Ma'r ceir yn nadreddu dow dow at y 'sbyty. 'Sbyty dau damad, ond dwi'n fythol ddiolchgar am y lle. Cofio'r 'cwrs paratoi' yn un o'r porta cabins a'r nyrs frysiog 'na'n stwffio'i babi dol llipa rhwng y pelfis plastig 'na'n hegar o'n blaena ni – fel tasa hi'n tynnu perfadd mochyn. Deimlis i reit sâl wrth 'styriad be o'dd i ddod, fel y rhan fwya' o ddynion, ma'n siŵr.

Esme fach ddu a gwyn, wedyn, yn codi llaw arnon ni yn y 'stafall dywyll 'na. O'dd hi mor agos ac eto mor bell... Y ffin rhyngddon ni mor dena a stumog Charlotte fel planed sgleiniog ddiarth yn y canol.

Ei dal hi yn llawn syndod ddaru fi, pan ddo'th hi yn y diwadd, ar ôl yr holl fydo'dd o aros. Y ffasiwn berffeithrwydd mewn bwndal bach! Dal fy ngwynt wrth ryfeddu, wrth ddiolch, a finna ddim yn rhy siŵr i bwy. Ei bysedd bach, bach, yn dal yn dynn yn fy mawd mawr i, wrth i fi hwshian a chanu hwiangerddi iddi... O'dd pob dim yn ei le a 'nghalon i ar fyrstio.

A dwi'n cofio'r awel yn gynnas a ffeind y bora wedyn, wrth gario'n trysor mor ofalus i'r maes parcio. Dyma fi'n sylwi am y tro cynta ar y cerflunia tlws ac ar floda bregus y gwanwyn yn gwthio'n felyn gobeithiol drw'r gwair, wrth i'r adar ganu uwch ein penna.

Dod â hi drwy ddrws ein tŷ gola, gwyn, ddaru ni wedyn. Esme – 'un gafodd ei charu' – ein gwyrth fach ni, ddo'th yn bob un dim i ni'n dau. O'ddan ni mor glyd ein tri yn ein swigan, a fi fysa'r tad gora yn y byd. Byswn i'n rhoi pob un dim i'r hogan – a mwy! Mi gydiodd rhyw rym yna i, do'n i'm yn gwbo o'dd yn bodoli hyd 'no'd... I be o'dd isio rhedeg ar ôl y gwaith a mynd i ffwr a finna hefo'n sgidia newydd i'w llenwi? Fyswn i ddim wedi ffeirio fy rôl newydd am y rhan fwya' yn Hollywood!

Tybad ai dyna sut aeth petha o chwith? Cofio neges *Facebook* gynta Charlotte ar ôl y geni. Deud mai Esme o'dd ei byd hi i gyd, rŵan, a hanner 'i bronna hi i'w gweld yn y llun i'r byd a'i frawd... Ai byw i Esme ddaru ni'n dau, heb gadw darn o'r cariad i'n gilydd? Ddaru neb ein rhybuddio ni fel arall...

* * *

Yn y bwth o flaen y ganolfan, ma'r dyn yn ei gap yn sbychu fy mhapurach ac yn siecio rej y fan, cyn g'neud rhyw jôc wamal am y trwyn coch sydd ar flaen y bonat a rhoi ei fawd wrth ei drwyn.

Neb arall yma bora 'ma. Pawb yn sownd wrth eu desgia, ma siŵr. Yn fan'no, yng nghanol y sgips mawr, dwi'n gallu clywad yr adar bach yn canu yn y goedwig sy tu ôl i'r ffens, felly dwi'n pwyso'n erbyn y bŵt hefo'r haul ar fy nhalcan a dwi jest yn gwrando arnyn nhw am funud bach cyn dygnu arni.

Dechra yn yr adran wydr dwi am 'neud bore 'ma... Dwi'n cydiad yn yr hen ddrych mawr hyll 'na efo'i ffrâm sy 'di torri ers blynyddoedd, a dwi'n ei hyrddio fo reit i grombil y sgip o dana i. Fedra i ddim peidio gwenu wrth ei weld o'n troelli a hwylio trw'r awyr cyn glanio a thorri'n rhacs jibidêrs o flaen fy llygid, yn filo'dd o ddarna mân. 'Di ca'l digon o lwc ddrwg yn barod, yn do?

Teimlo'n rêl boi wedyn, wrth i fi fynd 'nôl am y fan am 'chwanag o stwff. Po fwya dwi'n 'i daflu, yr ysgafna dwi'n teimlo rhwsut, fatha ryw *backpacker* yn tynnu ei fag trwm oddi ar ei gefn ar ôl iddo orffan ei daith.

Fframia nesa… Cofio'r un yma'n ca'l ei dynnu yn stiwdio *Happy Memories*; Esme rhyngtha ni'n wên o glust i glust, ond rhyw wenu cogio bach llawn cracia sy ar wefusa ei rhieni. I be sy isio dal gafa'l ar hwn? Ffluch iddo fo, ond sgin i mo'r help, a dwi'n estyn am fy ffôn er mwyn tynnu llun bach cyflym ohono fo, cyn i mi 'neud.

Dau *notification* gen i… Negas gan Esme 'di un. Llun grêt ohoni hi'n gwenu'n llydan ar lwyfan yr ysgol – y tlws am y wisg ora yn ei llaw. Da'r hogan! Edrach mor dda yn ei dillad epig. Methu aros i ga'l ei gweld hi i ddathlu. Trît bach i *Mc D*'s neu'r sinema neith y job.

Ma'r ail o'r *app* dêtio a dwi'n teimlo pili palas yn downsio yng ngwaelod fy mol. Yr hogan dwi'n licio sy 'na – yr un welish i nithiwr… Siŵr 'mod i 'di 'gweld hi o gwmpas dre 'ma, deud gwir. Mae ei gwallt hi'n fflamio'n goch fel godra'r haul a fedra i weld rhycha bach ffeind sy'n cyrra'dd ochra ei llygid pan ma hi'n gwenu. Wrth i fi edrych i fyw y llygid yn y llun, ma nhw fel 'taen nhw am fynd â fi i rwla. Rwla dwi heb fod o'r blaen…

Carol ma'r proffil yn ddeud. Gweithio mewn derbynfa… Hogia bach gynni hi – efeilliaid. Ma hi 'di licio 'mhroffil i – y llun dim ffrils, dim ffilter ar ei gefn; dim ffugio am y 'sgariad… Ma hi 'di gofyn i fi sôn mwy wrthi am y job a phob dim!

Dwi ddim cweit yn coelio, a bron 'mod i'n gada'l i ryw obaith bach gwanwynaidd ddechra blaguro y tu mewn i mi wrth i mi glicio.

Ac mae'r adar uwchben yn dal i ganu.

CORNEL FACH O'R BYD

Rhuthrodd Siriol drwy ddrws agored y stwdio â'i gwynt yn ei dwrn.

"Be yn y byd ti'n 'neud, hogyn?" harthiodd gan gipio'r clai o'i afael. Wrth draed ei chwaer, roedd lympiau o glai gwlyb, ac wrth drenyrs yr hogyn, roedd plât parod i'w wydru, bellach yn ddarnau mân ar hyd y llawr.

"Hi oedd...!" dechreuodd y brawd mawr ddadlau, gan bwyntio'n flin at y fechan, ei fochau'n wenfflam. "Hi 'di'r bai! Dim Theo!" Doedd dagrau ddim ymhell... Yna rhuthrodd ei fam i mewn a'i dad wrth ei chwt.

"Hei, be 'di'r parti mawr fa'ma ta, blant?" holodd hithau, ei llygaid yn gwibio o gylch yr ystafell cyn glanio ar Siriol.

"Nesh i ofyn..." dechreuodd Siriol, "... ofynnish i iddyn nhw gadw draw, ond ma'n amlwg fod yr hogyn 'ma ddim yn gwbo sut i fihafio."

Powliai'r geiriau o'i cheg heb i Siriol allu eu rheoli nhw'n iawn. Gallai deimlo'r cynddaredd yn ffrwtian yn flêr y tu mewn iddi – yr holl ddicter a gofid yna oedd wedi bod dan gaead cyhyd...

"O, plis, Siriol!" torrodd Megan ar ei thraws. "Bach yn ddramatig, ti'm yn meddwl?"

Yng nghornel ei llygaid, gwelai Siriol amlinelliad prysur y mab yn agosáu at ei photyn. Y fas gain y bu'n gweithio mor gythgam o galed i'w chreu.

"Cer i FFWRDD o'n fas i! RŴAN!" cyfarthodd yn uchel. Yna disgynnodd distawrwydd fel tarth dros yr ystafell. Rhythu arni oedd Megan bellach, ei llygaid yn fach, wedi eu hoelio arni hi, a chorneli ei gwefusau wedi eu cyrlio am i lawr:

"Be sy'n bod arna chdi, Siriol? 'Di hynna ddim yn ffordd i siarad efo hogyn bach, na'di! Mond chwech ydi o!"

Safai Dean y tu ôl i'w wraig yn hel ei draed wrth i'w ferch ddechrau crio a thynnu ar odrau ffrog ei mam.

"Mae o... mae o'n chwalu 'ngwaith i," mentrodd Siriol, ei llais yn graciau.

Parhaodd Megan i syllu'n anghysurus i fyw ei llygaid cyn parhau â'i llith mewn llais bach beirniadol.

"Dylswn i 'di cofio sut un w't ti. O'ddat ti wastad mor lletchwith, mor anodd dy blesio, byth yn gwbo sut i ga'l hwyl..."

Ar hynny, cododd y ferch fach ddagreuol i'w breichiau gan chwipio ei chorff i gyfeiriad ei gŵr. Dyna pryd y daliodd ei llawes yng nghornel y bwrdd ynghanol yr ystafell. Y bwrdd a ddaliai'r fas...

Roedd y sŵn yn fyddarol, fel esgyrn brau yn torri. Ei holl waith caled wedi ei chwalu mewn ennyd.

Yna tawelwch.

Syllodd Siriol yn hir ar y gyflafan, ar y dafnau blêr yn gawdel hyll ar hyd y llawr. Gallai deimlo ei chalon yn dyrnu. Yna cododd ei golygon i wynebu ei hen ffrind ysgol a daeth rhyw lonyddwch annisgwyl i'w meddiannu.

Ei chartef hi oedd hwn, yndê? Ei gofod hi. Ei bywyd hi hefyd... Hi oedd wedi bod yn annoeth a gwadd y gyflafan yma i'w haelwyd, ond nawr, roedd ganddi ddewis.

Gallai ffarwelio â hi hefyd.

Cododd Siriol ar ei thraed, yna wynebodd Megan.

"Ewch, rŵan," meddai.

Edrych yn syn arni wnaeth Megan.

"Dw i heb fwynhau bore 'ma," ategodd Siriol yn bwyllog, ei llais wedi gostegu'n llwyr erbyn hyn, yn llyfn fel plât. "O gwbl."

Daliodd Megan i syllu arni wrth iddi geisio dirnad ergyd ei geiriau. Lledodd haen o wrid dros ei bochau, yna rhuthrodd i gyfeiriad y drws.

"Dowch wir trŵps! Cotia' 'mlaen!" cyhoeddodd yn floesg dros ei hysgwydd. "O'ma rŵan! Reit handi! *Chop, chop*!"

Anelodd yn gyflym am ddrws y fflat a'r ferch fach yn ailgychwyn ar ei nadu yn ei breichiau. Wrth iddo ddilyn ei wraig o'r stiwdio, trodd Dean i wynebu Siriol.

"I'm sorry..." meddai, wrth edrych ar y gyflafan ar lawr. Yna ategodd "Thanks for having us. Your pottery... it's beautiful."

Ac yna, fe adawon nhw. Allan o'r stiwdio ac allan o'r fflat, yn un don swnllyd o ddagrau a gweiddi wrth i'r drysau gau.

* * *

Edrychodd Siriol trwy'r ffenest ar y teulu'n anelu am eu horwth car. Brasgamai Megan yn y blaen, ei bag drud yn pendilio dros ei hysgwydd wrth iddi sodro'r plant yn eu seddi cyn slamio'r drysau. Yna llithrodd y car o'i ofod parcio cyn mynd rownd y gongl a diflannu o'i golwg.

Tynnodd Siriol ei siwmper anghyfforddus fel actores yn camu o'i gwisg ar ddiwedd sioe. Yna caeodd ei llygaid.

Doedd y tyndra mewnol ddim wedi gostegu'n llwyr, ddim cweit, nag oedd...

Safodd wedyn gan sawru'r tawelwch wrth i eco'r dydd bylu'n raddol o'i phen. Gallai deimlo ei stiwdio'n lledu – yn agor i bosibiliadau newydd unwaith eto – yn anadlu.

Roedd olion ymyrraeth o'i chwmpas ym mhob man; brwshys wedi eu gwasgaru a photiau bob sut ar draws y bwrdd. Symudodd Siriol yn araf wrth osod pob eitem yn ôl yn ei lle, ac wrth wneud, aeth i feddwl am saethiadau cyhuddgar Megan, am Felix, y pellhau a'r gwahanu anorfod...

Byddai'n arfer dweud wrthi'n gyson gymaint o 'waith caled' oedd hi. Mor lletchwith... On'd oedd hi wedi gorfod dysgu sut i fowldio ei hun i'w ddisgwyliadau o – tan iddi hi ddiflannu'n llwyr, bron â bod – a sut briodas fyddai honno wedi bod, p'run bynnag?

Trodd Siriol ei golygon yn ôl at y darnau ar lawr. Roedd y toriadau'n rhai blêr, di-droi'n-ôl – yn derfynol. Penliniodd gan godi'r darn mwyaf yn ei llaw a rhedeg ei bys ar hyd ei ymylon â chwilfrydedd. Beth oedd y traddodiad Japaneaidd hwnnw eto? Yr arfer o ail-greu rhywbeth oedd wedi ei racsio'n llwyr gan dynnu sylw at y toriadau drwy ddefnyddio paent euraidd, gloyw...? *Kintsugi*. Dyna fo! Roedd Siriol wedi ei chyfareddu pan glywodd gyntaf am yr arferiad. Am hyfryd oedd y cysyniad o ddathlu'r craciau, o ganiatáu parhad i bethau oedd wedi torri.

On'd oedd yna ryw bosibilrwydd newydd ynghudd yn y siapiau organig yma o'i blaen? Nid fas gymesur yn ysu am ganmoliaeth beirniaid oedd yma bellach, ond rhywbeth cyffrous a gwreiddiol. Rhywbeth gwell o bosib.

Cododd Siriol gan agor y ffenest uchel. Teimlai ei bod wedi ei llenwi, rhywsut, yn barod i'r hyn roedd gan weddill y dydd i'w gynnig iddi. Fyddai'r clai yn gofyn yr un dim oddi wrthi – dim ond ei sylw y foment honno, ei phresenoldeb a'i diléit yn y creu – dyna i gyd.

Roedd y glaw wedi cilio erbyn hyn, ac yn gefnlen i fwrlwm y stryd roedd arlliw o enfys yn estyn dros y toeon. Edrychodd Siriol ar y stryd fel petai'n ei gweld o'r newydd; y mynd a dod penwythnosol arferol wrth i bobl blethu ymysg ei gilydd ar hyd y pafin islaw. Trwy ddrysau *Pebbles*, ymddangosodd y ddynes yn ei ffedog waith, gan bwyso yn erbyn wal y salon. Ar ei hegwyl oedd hi, dyfalodd Siriol, wrth ei gwylio'n yfed o'i photel ddŵr am yn ail â sgwrsio a chwerthin ar ei ffôn. Roedd hi i'w gweld yn berson mor glên. Braf fyddai dod i'w hadnabod yn well.

O flaen prysurdeb arferol *Greggs*, roedd dynes drwsiadus gyda bygi. Cyrcydodd o flaen hen ŵr digartref a eisteddai yn ei sach gysgu flêr – arwydd yn gofyn am gildwrn o'i flaen. Sgwrsiai yn hamddenol â fo ar ôl rhoi papur pres yn ei law. Wrth ffarwelio, chwifiodd ar wraig dal â gwallt coch oedd yn cerdded i gyfeiriad y becws fraich ym mraich gyda dyn tipyn byrrach na hi, y ddau yn chwerthin am rywbeth. Y tu ôl iddyn nhw, rhedai efeilliaid a merch hŷn, yn llawn afiaith a hwyl. Nid dyma fu'r tro cyntaf i Siriol weld y pâr annhebygol, a dotiai'n dawel at eu hamherffeithrwydd hardd.

Trodd ei sylw wedyn at siop *Treasures* i lawr y lôn. Gallai weld y perchennog – dyn talsyth, artistig ei wedd a wisgai wasgodau lliwgar bob tro y gwelai Siriol o, yn ddyddiol fwy neu lai. Roedd wrthi'n dynodi â llawysgrifen ddwbl, gain, fod y cyfan o'i siacedi gwlân alpaca bron iawn â'u gwerthu i gyd. Doedd hi erioed wedi camu dros drothwy'r siop hyd yma. Efallai yr âi hi yno yn ystod yr wythnos. Gallai gynnig rhai o'i chynnyrch i'w gwerthu yno, hyd yn oed. Pam lai?

Edrychodd neb i fyny arni o'r palmentydd yn ystod ei synfyfyrio. Doedd neb wedi clywed am yr hyn a ddigwyddodd yn ei fflat. Ddaeth neb i fyny ati i ymddiheuro. Edrychodd Siriol unwaith yn rhagor ar y bobl o'i hamgylch yn mynd a dod – yr holl fywydau yma a'i hamgylchynai, fel planedau'n troi yn eu cylchoedd cyson.

Meddyliodd wedyn am yr ymweliad. Doedd dim ots mewn difrif... Doedd dim ots beth feddyliai Megan ohoni, na neb arall 'chwaith, petai'n dod i hynny.

Mwythodd Siriol ei bys priodasol. Roedd y fodrwy ddyweddïo wedi bod yn dynn o'r dechrau. Digon posib nad dyma'r union lwybr yr oedd hi wedi ei ddisgwyl mewn bywyd, ond onid cael ei hailgyfeirio, ei harwain at lwybr gwell gawsai hi? Doedd dim ots nad oedd ganddi ŵr na phlant i'w phlagio, yn nag oedd? Bron na fedrai deimlo rhyw fodlonrwydd dwfn yn setlo yng nghraidd ei bod wrth iddi ystyried y peth. Fel hyn y cafodd ei mowldio a fan hyn roedd ei lle – yn ei chornel fach hi o'r byd.

Efallai y curai ar ddrws Nesta yn nes ymlaen, ystyriodd. Gallai alw heibio yn y prynhawn gyda phowlenaid o'i phwdin i weld sut oedd hi. Roedd bywyd ei chymdoges mor gyfyngedig ers ei chodwm, mae'n siŵr.

Am nawr, fodd bynnag, y flaenoriaeth oedd creu.

Caeodd Siriol y ffenest. Uwch ei phen, roedd cwmwl hamddenol wedi ei amgylchynu gan belydrau'r haul, fel amlinelliad aur ar rimyn cwpan. Aroglai'r aer o bridd a hwnnw'n barod i'w fowldio.

Wrth rowlio ei llewys, meddyliodd am y prynhawn godidog oedd o'i blaen. Yr amser gwerthfawr yn ei stiwdio fechan i greu wrth ei phwysau, heb neb na dim i darfu arni.

Camodd Siriol y tu ôl i'w holwyn gan wenu wrth deimlo oerni'r clai cyfarwydd yn ei dwylo.

Diolch yn fawr i bawb sydd wedi fy nghynorthwyo yn y broses o gyhoeddi'r gyfrol hon. Diolch i Anwen Hooson a Rhodri Elis Jones am eu sylwadau treiddgar ac i dîm Y Lolfa ac Alun Jones am hwyluso'r gwaith o gyhoeddi'r gyfrol. A diolch o galon i fy rhieni ac i Huw am eu holl gefnogaeth.

Hefyd gan yr awdur:

£8.99

Hefyd o'r Lolfa:

£11.99

Marged Berry
y Lolfa
NEST
FERCH·RHYS
'Campwaith. Mi wnes i ei llowcio hi.'
Sioned Erin Hughes

£11.99